マインクラフト

ちょっとでおぼえる

むずかしい言葉1205

国立国語研究所 教授
小木曽智信 監修

西東社

言葉の地図を広げよう

国立国語研究所　教授
小木曽智信

マインクラフトの世界がすべてブロックで表されているのと同じように
私たちの世界はすべて言葉で表されます。
自分が選ぶ言葉によって人との関係を左右することもありますし、
新しく見つけた言葉によって物事をより深く考えることもできます。
言葉を知ることは、世界を広げることだといえます。

この本には、ことわざや熟語をはじめ、
ちょっとむずかしい言葉がたくさん載っています。

覚えれば覚えるだけ、
あなたの地図が広がっていくでしょう。

この先、言葉にできないことに
出会うこともあるかもしれませんが、
まずはこの本の中でぴったりくる言葉を
探してみてください。
それでも表せないなら、
新しい言葉をクラフトしてみてもいいでしょう。
言葉の可能性は、マインクラフトのように無限大です。

この本があなたのこれからの冒険に、
少しでも役立ったらとても嬉しいです。

もくじ

2 性格や特徴を表すことば

3
動作や思考を
表すことば

4 様子や程度を表すことば

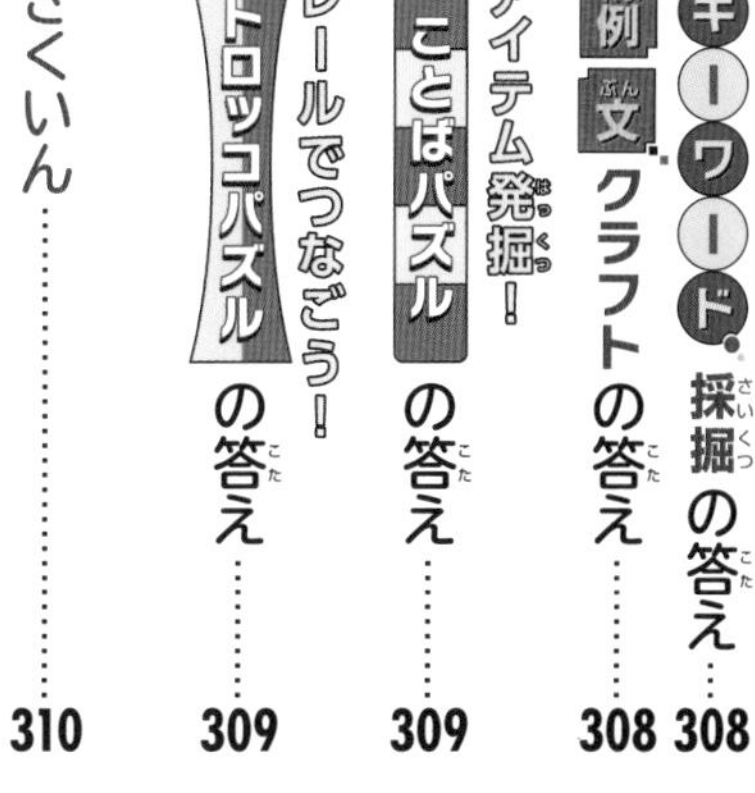

本書の使い方

キーワードごとに意味が似ていることばや関連することばを集めてあります。いっぺんに効率よくいろいろなことばを覚えて語彙力をアップさせましょう。

章のテーマ
1～4章に分かれている、章のテーマです。

キーワード
章のテーマをもとに分類したことばです。

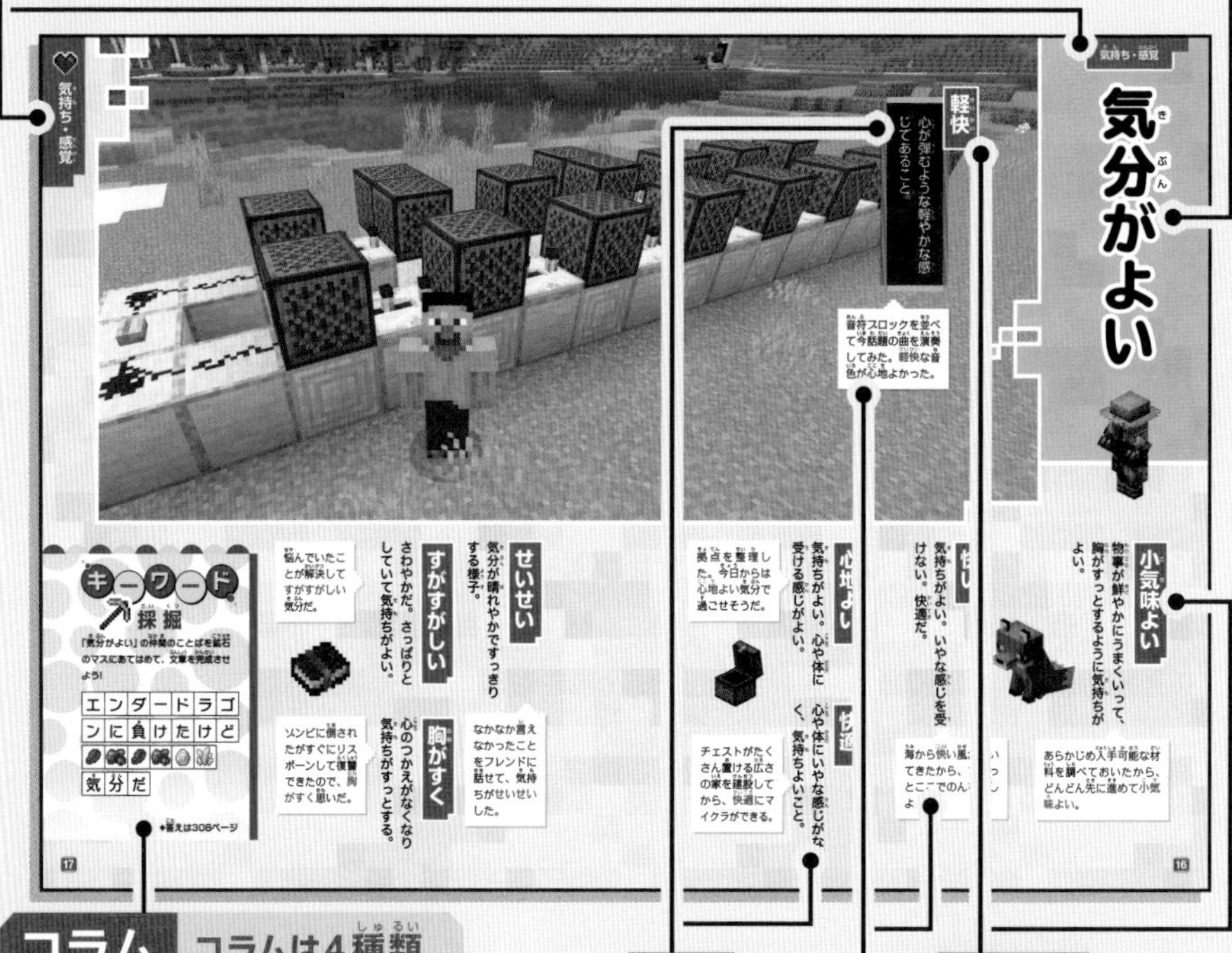

コラム コラムは4種類

キーワード採掘
例文に合うことばを見つける、マイクラと文章をコラボさせたパズルです。

例文クラフト
例文を組み立てる、マイクラと文章をコラボさせたパズルです。

ことば攻略ポイント
追加のことば解説、紹介したことばの補足や由来、使い分けなどを紹介しています。

＋α のマイクラ攻略メモ
マインクラフトの攻略に役立つ情報を紹介しています。

意味
そのことばの意味を説明しています。

ことば
キーワードと仲間のことばで意味が似ていることばや関連することばになります。

使い方
おもにマインクラフトの場面を用いた例文を紹介しています。なかには一般の例文もあります。

1 気持ちや感覚を表すことば

興奮する

「興奮する」とは何かに心を動かされて気持ちが高まることだよ。

高ぶる

気分や感情が強く激しくなる。

エリトラで空を飛ぶと、気持ちが高ぶる。

声を弾ませる

興奮で息を弾ませてしゃべる。喜びや期待で元気のよい声を出す。

転校してきた友達は、初めてのマイクラショップに思わず声を弾ませた。

舞い上がる

浮かれてよい気分になる。浮かれて落ちつきをなくす。

古代のがれきをやっと入手できて、舞い上がった。

胸が高鳴る

気分が高まり活力がみなぎる。期待や希望で胸がどきどきする。

この先にエンダードラゴンがいると思うと緊張もするが、胸が高鳴る。

熱狂

物事に興奮して熱中すること。

マイクラの実況配信にファンが熱狂していた。

高揚

気分が高まること。人の気持ちを高めること。

友達とネザーに行くので、気分が高揚している。

ときめく

喜びや期待で胸がどきどきする。特に恋愛感情を表すのに使われる。

ずっと前からあこがれていたマイクラ動画配信者に会えて、胸がときめいた。

目の色を変える

何かに熱中したときに目つきが変わる。怒りや興奮で変わるときにも使う。

マルチで採掘中ダイヤモンドの鉱脈を見つけた。みんなで目の色を変えて掘りまくった。

＋α のマイクラ攻略メモ

エリトラは、ジ・エンドにあるエンドシップの中に必ずある。額縁に飾られているので、見落とさないようにしよう。

うれしい・楽しい①

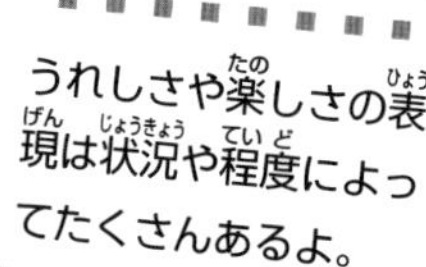

うれしさや楽しさの表現は状況や程度によってたくさんあるよ。

浮かれる

楽しいことやうれしいことに心がうきうきする。

今日はハロウィン。マイクラの中でもみんな浮かれた様子だ。

そわそわ

気持ちや態度が落ちつかない様子。

転校した友達と久しぶりにマルチをするのでそわそわしている。

歓喜

すごく喜ぶこと。大喜びすること。

マルチ対戦で勝った。チームメイトと歓喜の叫び声を上げた。

いそいそ

うれしいことがあって動作が弾む様子。

お兄ちゃんは妙にいそいそマルチを始めた。きっと楽しいことがあるにちがいない。

心が弾む

喜びや期待のために心がうきうきする。

ついに大きな海に出た。次の大陸に何があるのか想像するだけで心が弾む。

胸が躍る

期待や興奮でどきどきする。わくわくする。

新モブを懐かせた。一緒に遊んだり冒険したりを想像すると、胸が躍る。

待ちに待った

期待して長く待った。

待ちに待ったマイクラの大型アップデートが、ついに明日配信される。

ご機嫌

非常に機嫌がよい様子。

懐いたネコにさらに魚を与えてみた。気のせいなのはわかっているがご機嫌に見える。

＋α のマイクラ攻略メモ

一部のモブは、食料などを与えることで懐かせることができる。懐かせアイテムは、手に持つことで誘導も可能。でも馬は例外で、懐かせるには騎乗が必要。誘導アイテムもないぞ。

うれしい・楽しい②

目を輝かせる

喜びや期待で興奮している様子が表情に出る。目をきらきらさせる。

マルチで友達にネザライト装備をあげると約束したら、目を輝かせていた。

有頂天

喜びで舞い上がっている様子。うれしさで何かに夢中になる様子。

大好きな友達からパーティに招待されて有頂天になった。

満喫

心ゆくまで十分に味わうこと。満足して不満のないこと。

スマホ版のマイクラを購入。これでどこでもマイクラを満喫できる。

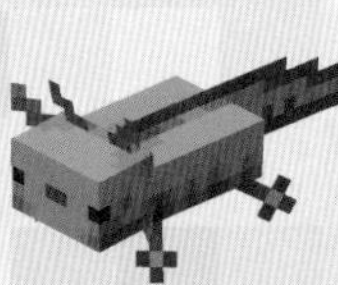

悦に入る

物事がうまくいって満足している。「悦」は喜ぶという意味。

ついにモンスタートラップが完成した。どんどんたまる経験値を見て悦に入っている。

喜色満面

うれしさがかくしきれず、顔いっぱいに表れていること。

やっとウーパールーパーをつかまえて、喜色満面で拠点に帰ってきた。

喜々として

大喜びで。うれしそうに。

一面に雪がつもり、オオカミが喜々として走り回っている。

ほくほく

うれしくてたまらない様子。

今日の採掘ではダイヤが20個も見つかり、ほくほく顔で地上に向かっている。

天にも昇る心地

すごくうれしくてうきうきする気持ち。

大好きな人からマルチをしようとさそわれて、天にも昇る心地だ。

気分がよい

軽快

心が弾むような軽やかな感じであること。

音符ブロックを並べて今話題の曲を演奏してみた。**軽快**な音色が心地よかった。

小気味よい

物事が鮮やかにうまくいって、胸がすっとするように気持ちがよい。

あらかじめ入手可能な材料を調べておいたから、どんどん先に進めて**小気味よい**。

快い

気持ちがよい。いやな感じを受けない。快適だ。

海から**快い**風が吹いてきたから、ちょっとここでのんびりしよう。

心地よい

気持ちがよい。心や体に受ける感じがよい。

拠点を整理した。今日からは**心地よい**気分で過ごせそうだ。

快適

心や体にいやな感じがなく、気持ちよいこと。

チェストがたくさん置ける広さの家を建設してから、**快適**にマイクラができる。

せいせい

気分が晴れやかですっきりする様子。

なかなか言えなかったことをフレンドに話せて、気持ちがせいせいした。

すがすがしい

さわやかだ。さっぱりとしていて気持ちがよい。

悩んでいたことが解決してすがすがしい気分だ。

胸がすく

心のつかえがなくなり気持ちがすっとする。

ゾンビに倒されたがすぐにリスポーンして復讐できたので、胸がすく思いだ。

採掘

「気分がよい」の仲間のことばを鉱石のマスにあてはめて、文章を完成させよう！

エ	ン	ダ	ー	ド	ラ	ゴ
ン	に	負	け	た	け	ど
気	分	だ				

➡答えは308ページ

気分が悪い

不愉快

いやな気持ちになること。

がんばって整地した場所にエンダーマンが土ブロックを持ってきた。実に不愉快だ。

不機嫌

不満な気持ちを表情や態度に出すこと。

友達にアップデートの新要素を教えたら、「ネタバレするな」と不機嫌になった。

不快

いやな気持ちになること。気分がすぐれないこと。

マイクラ内で大雨が降っている。なんだか不快だ。

口をとがらせる

くちびるをとがらす。不満のある表情をする。不満そうに言う。

マイクライベントを楽しみにしていたのだが、雨で中止になり、妹は不満そうに口をとがらせた。

眉をひそめる

心配事や他人の不快な行動のせいで、眉の辺りにしわを寄せる。

溶岩に落ちてアイテムを全部ロスト。ショックでつい大声を出したら、周りの人が眉をひそめた。

機嫌を損ねる

相手を不愉快にさせる。

兄はマイクラの先輩だったが、ぼくが先にクリアしたことで機嫌を損ねていた。

気分を害する

不愉快な気分になる。

レッドストーン回路のミスを指摘されて、気分を害した。

虫唾が走る

ものすごく不愉快で吐き気がする。

社会の授業で習ったあまりにひどい事件に、虫唾が走った。

顔をしかめる

いやな気持ちのときや苦しいときに顔にしわを寄せる。

ゲーム部屋に入ったとたん、異様なにおいがして、みんなが顔をしかめた。

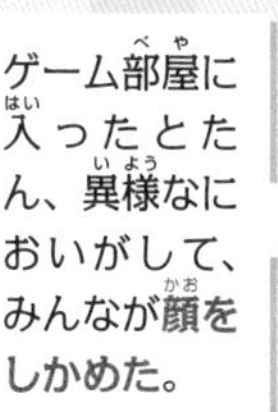

例文クラフト

下のコマを並べ替えて、文章をクラフトしてみよう!

ぎらいの	だけで	虫唾が
走る	クモを	マイクラの
見た	私は	ムシ

➡答えは308ページ

満足

「満足」とは不満や不足がないこと。

心ゆくまで

十分に満足するまで。

今日は拠点に近い山を平らにした。**心ゆくまで**整地できてうれしい。

思う存分

思いきり。満足いくまで。

さあ、三連休だ。**思う存分**マイクラで遊ぶぞ。

申し分ない

悪いところがなく、十分に満足している。

ぼくが作った拠点は**申し分ない**できで、友達からとてもほめられた。

万全

全て完全なこと。するべきことが全てできていること。

矢をたくさん持ったし、ダイヤの装備もそろえた。これでエンダードラゴンを倒す準備は**万全**だ。

会心

思い通りにいって満足すること。納得すること。

洞窟で後ろをふり返ったらクリーパーが爆発寸前だった。**会心**の一撃で倒せてなんとか助かった。

充実

必要なものが十分に備わっていること。満ちていること。

戦闘も建築もがんばっているし、フレンドも多い。ぼくのマイクラ生活は、充実していると思う。

気が済む

満足する。心が落ちつく。

ぼくの旅にずっとつき合ってくれているし、たまには愛馬の気が済むまで砂糖をあげてみよう。

しっくりくる

人と人、物と物などが調和して安定している様子。

彼とはしっくりくる関係で、マイクラ初心者のときからずっと仲よくしている。

＋α のマイクラ攻略メモ

マイクラの馬の繁殖アイテムは金のニンジンか金のリンゴだ。ふつうは繁殖アイテムで懐かせるが、馬だけは騎乗を繰り返すだけで懐くぞ。

不満

ふてくされる

反抗的になったり、投げやりになったりする。

家の中にＴＮＴを置かないでと注意したら、弟はふてくされた。

物足りない

満足いかない。何かが欠けているようで不満がある。

地下を掘り進めたのに、ダイヤが三つしか取れなくて、物足りない。

不平不満

心がおだやかではなく、納得できないこと。またはそれに対する文句やぐち。

チーム分けに納得がいかない友達は、プレイ中も不平不満を言い続けていた。

フラストレーションがたまる

やりたいことができなかったり、うまくいかなかったりして、欲求が満たされず不快になる。

マイクラは一日に一時間までの約束だけど、とても足りなくてフラストレーションがたまる。

不服

従う気持ちになれないこと。納得がいかないこと。

整地をたのまれた彼は、あからさまに不服そうな顔をした。

不本意

自分の望みや本心とちがっていること。

フレンドに注意された。多少不本意ながらも認めなければならない内容だった。

あき足りない

満足できない。納得できない。

友達は一日一時間だけではあき足りず、もっとマイクラがしたいと不満そうだった。

もやもや

不満ですっきりしない気持ち。

マイクラ小説の結末はぼくにとっては好みのものだった。だけど、友達はきらいだと言っていて、なんだかもやもやする。

いらいらする

「いらいら」とは思い通りにいかずあせって落ちつかないこと。

むしゃくしゃ

気分が晴れず、いらいらしたり腹が立ったりする様子。

クリーパーにやられた。ベッドも同時に壊されたから、リスポーン が初期地点。いやなことばかりでむしゃくしゃする。

かりかり

怒りを感じていらいらする様子。

マルチでふざけすぎたせいで、フレンドがかりかりしているように感じる。

かんに障る

いら立たしく思ったり、怒ったりする。

ぼくのレッドストーン装置のしくみをしつこく聞いてくる彼は、頭はよいがかんに障るやつだ。

やきもき

あれこれ心配していらいらすること。

友達が鉄鉱石を2スタックくれると言ったのに、いつまでもくれずやきもきする。

気が立つ

いらいらする。興奮する。

彼女はゲーム機をなくして気が立っているから、あまりからかわないほうがいいよ。

もどかしい

思うようにならず、いらいらする。じれったい。

いい建築の形を思いついたけれど、手持ちブロックが少なくて作れないからもどかしい。

あがく

あせっていらいらする。手足をばたばたと動かしてもがく。

ネザーで食料が尽きた。ホグリンを倒して食いつないでいたが、あがくのも限界のようだ。

しびれを切らす

長い間がまんして、ついにたえきれなくなる。

友達がメサの廃坑に入ったまま出てこない。**しびれを切らして**中に入ったら、お宝をひとり占めしていた。

歯がゆい

思うようにいかなくて、気持ちが落ちつかなかったり、いらいらしたりする。じれったい。

マイクラ建築コンテストで優勝すると思っていたのに準優勝だった。あまりにも**歯がゆい**。

＋α のマイクラ攻略メモ

マイクラでは倒されてもアイテムと経験値をその場に全部落として、最後にベッドで寝た地点にワープするだけ。しかしそのベッドが消失していると、ゲーム開始地点にもどされてしまう。

怒る

逆鱗にふれる

目上の人を激しく怒らせる。

エンダードラゴン討伐。飛んでいるところにすきをついて矢を放ったら、逆鱗にふれたのか下りてきて毒ガスを吐かれた。

しゃくにさわる

気に入らなくて、腹が立つ。不快でむしゃくしゃする。

略奪隊に負けた。村を歩いていると村人がフン! フン! と声を出すのでしゃくにさわる。

激怒

すごく怒ること。激しく怒ること。

いつまでたっても整地しなかった私たちに、リーダーはとうとう激怒した。

いまいましい

くやしくて腹が立つ。腹立たしいが、どうしようもない。

マイクラのイベントの日だけ雨が降るとはいまいましい。

腹にすえかねる

がまんできない。怒りをおさえられない。

人の拠点を壊しておいて、謝らないなんて腹にすえかねる。

とがめる

まちがいや罪などを責める。

マイクラのアップデート日。夜遅くまで遊んでいたら、親にとがめられた。

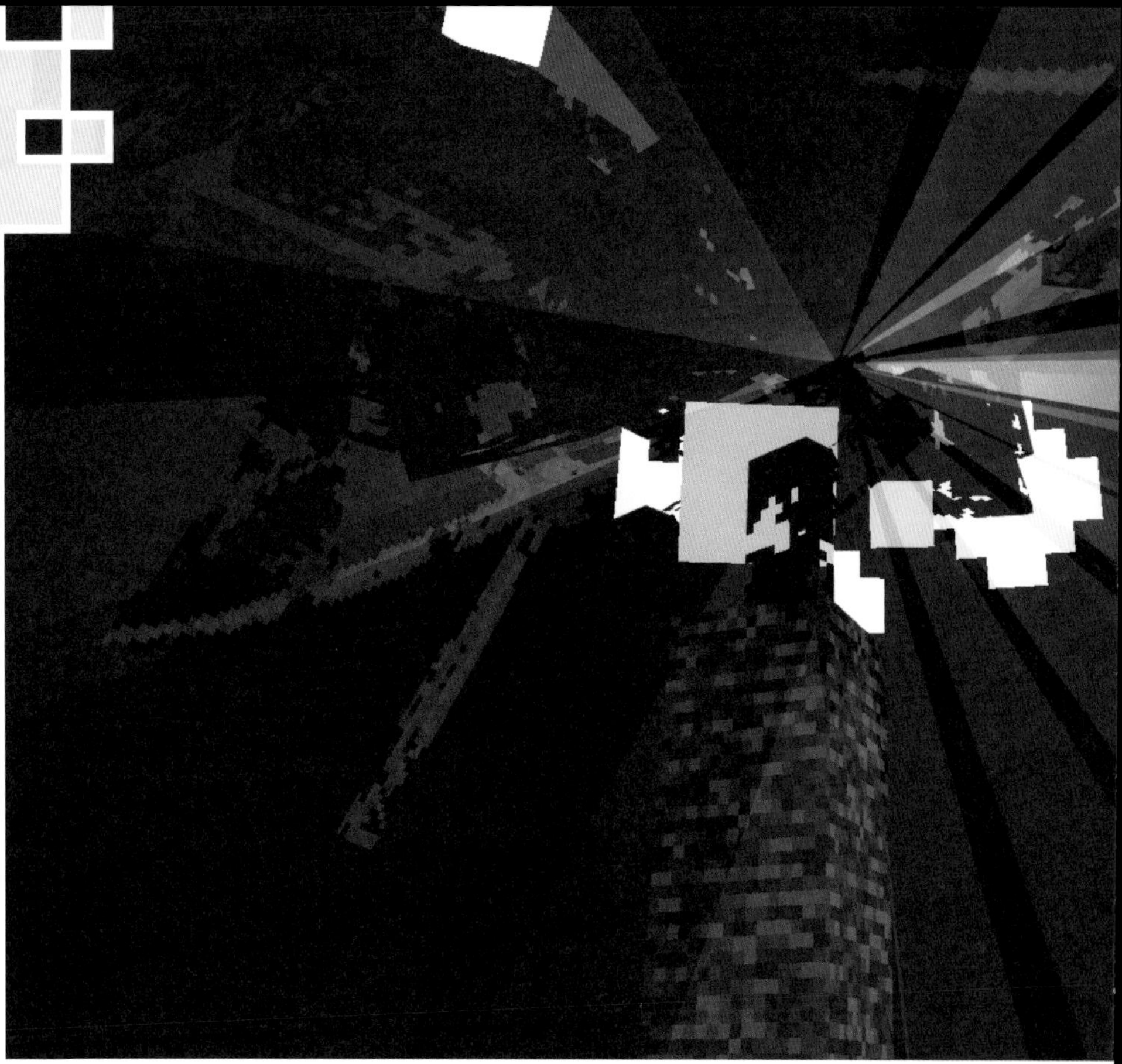

頭に血が上る

怒りや興奮で感情が高ぶる。

マイクラのフレンドにだまされていたことがわかって頭に血が上った。

堪忍袋の緒が切れる

がまんしていた怒りが爆発する。

夜遅くまでマイクラで遊んでさわいでいたら、堪忍袋の緒が切れたお母さんが部屋に乗りこんできた。

ことば攻略ポイント

「逆鱗にふれる」の「逆鱗」とは、竜のあごの下に逆さに生えている鱗のことだよ。この「逆鱗」にさわると竜が怒るという中国の言い伝えからできたことば。由来を知ると意味がもっと理解できるね。

あわてる

おたおた

とつぜんの出来事におどろいたり、相手の勢いに押されたりして何もできない様子。

これから洞窟探検するのに、松明を忘れたことに気づきおたおたした。

うろたえる

どうしてよいかわからず、あわてる。まごまごする。

不意に敵におそわれるとうろたえて、次の行動が取れなくなる。

動揺

不安になること。気持ちがゆれ動くこと。

整地をしていないことがばれそうで動揺している。

まごつく

どうしていいかわからなくて迷う。まごまごする。

いつも同じ場所に置いていた装備がなくなっていて、一瞬まごついた。

右往左往

おどろいたりあわてたりして行ったり来たりすること。

マルチプレイでフレンドを見失って右往左往した。

どぎまぎ

あわててうろたえる様子。

マイクラが好きなんて言ったことがなかったのに、とつぜん建築の話をされてどぎまぎした。

あたふた

あわてて動いている様子。

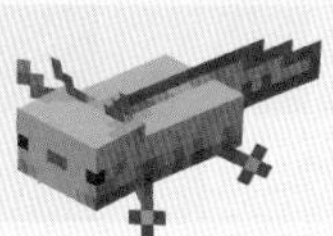

夜遅くまでマイクラをしていたせいで、遅刻ギリギリの時間になりあたふたした。

取り乱す

心の落ちつきを失う。見苦しい様子になる。

マグマダイブでダイヤ装備を全ロスト。あまりのことに取り乱した。

おどろく①

面食らう

とつぜんの出来事に、おどろきあわてる。

リーダーにいきなり実技テストをすると言われて面食らった。

ぎょっとする

予期しなかったことに出会って、おどろく。

目の前でTNTが大量に爆発してぎょっとした。

肝をつぶす

ひどくおどろく。「肝」は気力や度胸のやどるところと考えられていて、それがつぶれるほどおどろくという意味。

この前の地震でテレビとゲーム機がグラグラと揺れたので肝をつぶした。

驚異的

「驚異」は非常におどろくこと。「驚異的」は非常におどろくほどすばらしいこと。

コマンドで作物の成長速度を変えたら、驚異的な早さで作物ができた。

腰を抜かす

おどろきや恐怖で、立っていられなくなる。

洞窟の入り口から洞窟グモがとつぜんおそってきて、腰を抜かした。

息をのむ

おどろきや恐怖などで、一瞬息を止める。

影MODを入れてみた。雨上がりが息をのむほどの美しさだった。

仰天

非常におどろくこと。

いつも通り歩いていたら、ダイヤモンド装備のチキンジョッキーを発見して仰天した。

度肝を抜く

ひどくびっくりさせる。人や物に「度肝を抜かれる」という言い方をすることが多い。

隣に住んでいるお兄ちゃんが建築コンテストで入賞し、度肝を抜かれた。

おどろく②

あぜん

とつぜんのことにあきれて、声も出ない様子。

建築に初チャレンジ。だけど完成したのはいわゆる豆腐小屋で、出来栄えにあぜんとした。

鳩が豆鉄砲を食ったよう

おどろいて目を丸くする様子。

友達に「マイクラの動画を配信しているんだ」と言ったら、鳩が豆鉄砲を食ったような顔をしていた。

目を見はる

おどろいたり感心したりして、目を大きく見開く。

友達の建築の才能には目を見はるものがある。

茫然自失

あっけにとられ我を忘れること。気が抜けてぼんやりする様子。

クラフトしたばかりのダイヤのツルハシを溶岩に落として、茫然自失だ。

目を疑う

自分の目の前の光景や見たことが信じられない。

ネザーから弟が持ち帰ってきたものが、ネザーウォートばかりで、目を疑った。

あっけにとられる

意外なことにとつぜん出会い、おどろきあきれる。

目の前で雷が落ちて、村人がウィッチになった。すごい光景にあっけにとられた。

寝耳に水

不意の出来事や知らせにおどろくことのたとえ。

見たことのないモブに倒された。アップデートがあったなんて、寝耳に水だ。

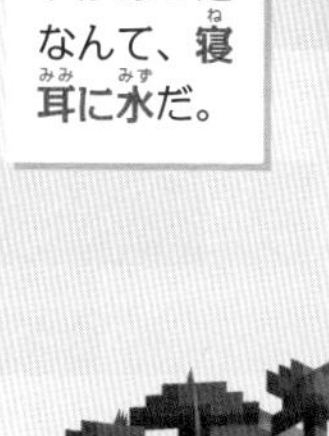

ことば攻略ポイント

びっくりする突発的な出来事を「青天の霹靂」という。「青天」は青空、「霹靂」は雷のこと。晴れた空にとつぜん雷が鳴る様子を思い浮かべれば、衝撃の大きさが想像できる。難しいことばもひとつずつ意味を考えればわかりやすいよ。

落ちこむ

気が重い

何かをしなくてはいけないのに気が進まない。何かいやな予感などで気が進まない。

そろそろポーションが必要だが、ネザーに行くのは**気が重い**。

へこたれる

もうだめだと思って元気をなくす。とちゅうでくじける。

せっかく最強装備で固めたのに倒されて、かなり**へこたれた**。

めげる

気力を失う。気持ちが負ける。くじける。

テストで思い通りにいかなくても**めげない**でがんばる。

うなだれる

失望や悲しさ、はずかしさなどのために、首を前にたれる。

一生懸命戦ったのに、ウォーデンに負けてしまい**うなだれた**。

落胆

希望通りにいかずがっかりすること。

成績が落ちてマイクラ禁止になった友達は、見てわかるほど**落胆**している。

くじける

勢いや意欲がなくなる。

クリーパーに家を大破され、**くじけ**そうだ。

打ちひしがれる

ショックなことがあり、気力や意欲がすっかりなくなる。

どう解釈しても救いのないバッドエンドの結末に打ちひしがれる。

意気消沈

物事がうまくいかず、落ちこんで元気をなくすこと。

ステーキで回復しようと思ったら、フレンドに先に食べつくされていてぼくは意気消沈した。

＋α のマイクラ攻略メモ

ポーションの醸造には、醸造台が必要だ。醸造台はクラフトで作れるが、ブレイズロッドが必要だ。つまり、ポーションを作ろうと思ったらネザーに行ってブレイズを倒さなければならないぞ。

悲しい

心を痛める

心配する。なやむ。悲しむ。

ウィザーを倒しに行ったきり、いつまでも帰ってこない友達のことを思って心を痛めた。

やるせない

思いを晴らす方法がなくて、つらい。

エンダードラゴンがまた倒せず、やるせない気持ちで帰ってきた。

もの悲しい

なんとなく悲しい。「うら悲しい」ともいう。

友達がマイクラを引退すると聞いて、もの悲しい気持ちだ。

胸がふさがる

不安や悲しい知らせなどによって、胸がつまるような感じがする。

友達の家が火事にあったらしい。心配で胸がふさがる思いだ。

悲痛

非常に悲しくて、心が痛むこと。

うっかりネザーでベッドを使ってしまったフレンドは、悲痛な面持ちでぼくを見た。

身を切られる

寒さやつらさが厳しく、自分の体を切られるように感じる。

家族でかわいがっていた馬が死んでしまい、**身を切られる**ような思いだ。

痛ましい

見聞きして心が痛む様子。かわいそうな様子。

村の襲撃イベントで村人が全員やられてしまった。あれは**痛ましい**事件だった。

いたたまれない

じっとしていられない。がまんできない。

クリーパーに何度も家を壊されている弟を見ると、**いたたまれない**気持ちになる。

感傷的

「感傷」は心を痛めること。「感傷的」は心を痛めたために、感じやすく涙もろい状態であること。

去年読んだ悲しいマイクラ小説のことを思い出すと、**感傷的**になってしまう。

キーワード採掘

「悲しい」の仲間のことばを鉱石のマスにあてはめて文章を完成させよう!

仲	間	の	オ	オ	カ	ミ
が	倒	さ	れ	て		
■	■	■	■	■	■	
よ	う	な	思	い	だ	

➡答えは308ページ

がまん

気持ちをおさえる、こらえるという意味の「がまん」の仲間だよ。

こらえる

がまんする。辛抱する。気持ちをおさえて表情やしぐさに出さないようにする。

満腹度があと1のところ、どうにかこらえてゾンビを倒した。

涙をのむ

泣きたいほどの、つらいことをがまんする。

なけなしのエメラルドだが、涙をのんで取引した。

歯を食いしばる

つらさやくやしさなどを、必死にこらえる。

友達の家でマイクラをして帰ろうとしたら、すごい寒さだった。歯を食いしばって歩いた。

たえる

苦しいことやいやなことをじっとがまんする。

黒曜石はTNTやガストの火の玉攻撃にもたえる。

忍ぶ

つらいことをがまんする。たえる。

弟にはじを忍んでガストを倒してもらえるかお願いした。

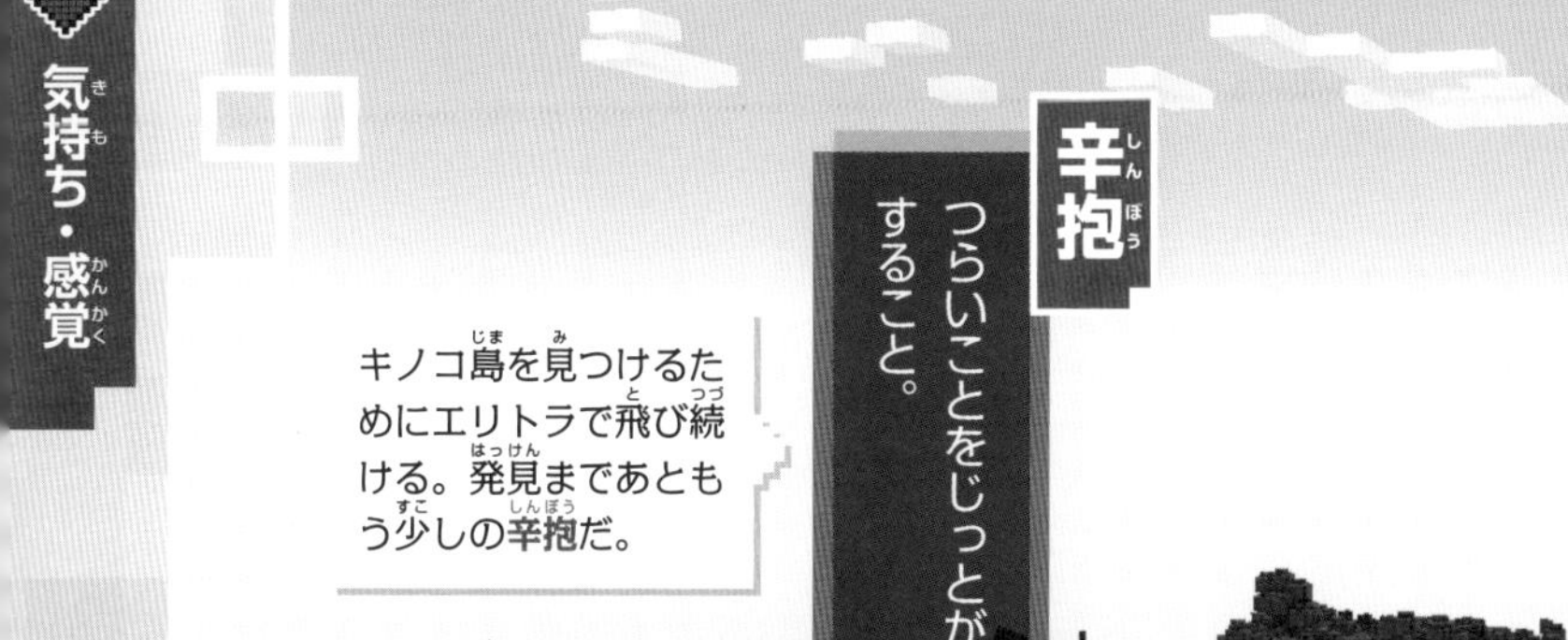

辛抱

つらいことをじっとがまんすること。

キノコ島を見つけるためにエリトラで飛び続ける。発見まであともう少しの**辛抱**だ。

石の上にも三年

辛抱して続ければ、いつかは成しとげられることのたとえ。

かっこいい建築は一日ではできない。**石の上にも三年**、修行あるのみ。

忍耐

つらいことなどをじっとがまんすること。

整地作業はつまらないが、整地しないと広い土地は手に入らない。**忍耐**強くがんばろう。

＋α のマイクラ攻略メモ

エリトラは空を飛ぶのではなく、滑空する。つまり高所からゆっくりと滑り落ちるイメージだ。高度はほとんど上げられないが、花火を使うとロケットになり、上に向かっても加速するぞ。

くやしい

「くやしい」とはうまくいかなかったり、裏切られたりして残念であること。

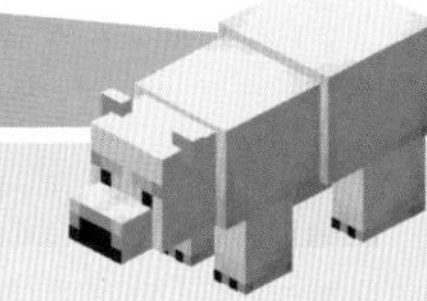

くやむ

十分にできなかったことや終わったことをあとから残念がる。

エンダーマン対戦中に雨が降ってきた。しょうがないことだけど、倒せなかったことをくやむ。

くちびるをかむ

怒りやくやしさ、残念な気持ちをがまんする。

フレンドがかげで私の悪口を言っているのを聞いしまった。くやしくてくちびるをかんだ。

くさる

思うようにならず元気をなくす。

弟はゾンビに負けただけでくさる。

うらめしい

残念に思う。にくらしい。

家を設計しているときに天井を高くしておいたらなぁ。あのときの自分がうらめしい。

無念

くやしくてたまらないこと。

自分は悪くないのに交通事故で亡くなった人の話を聞いた。さぞ、無念だったと思う。

未練がましい

あきらめが悪い。

マイクラコンテストで準優勝だった友達は、未練がましく、本当は優勝できたのにと言っていた。

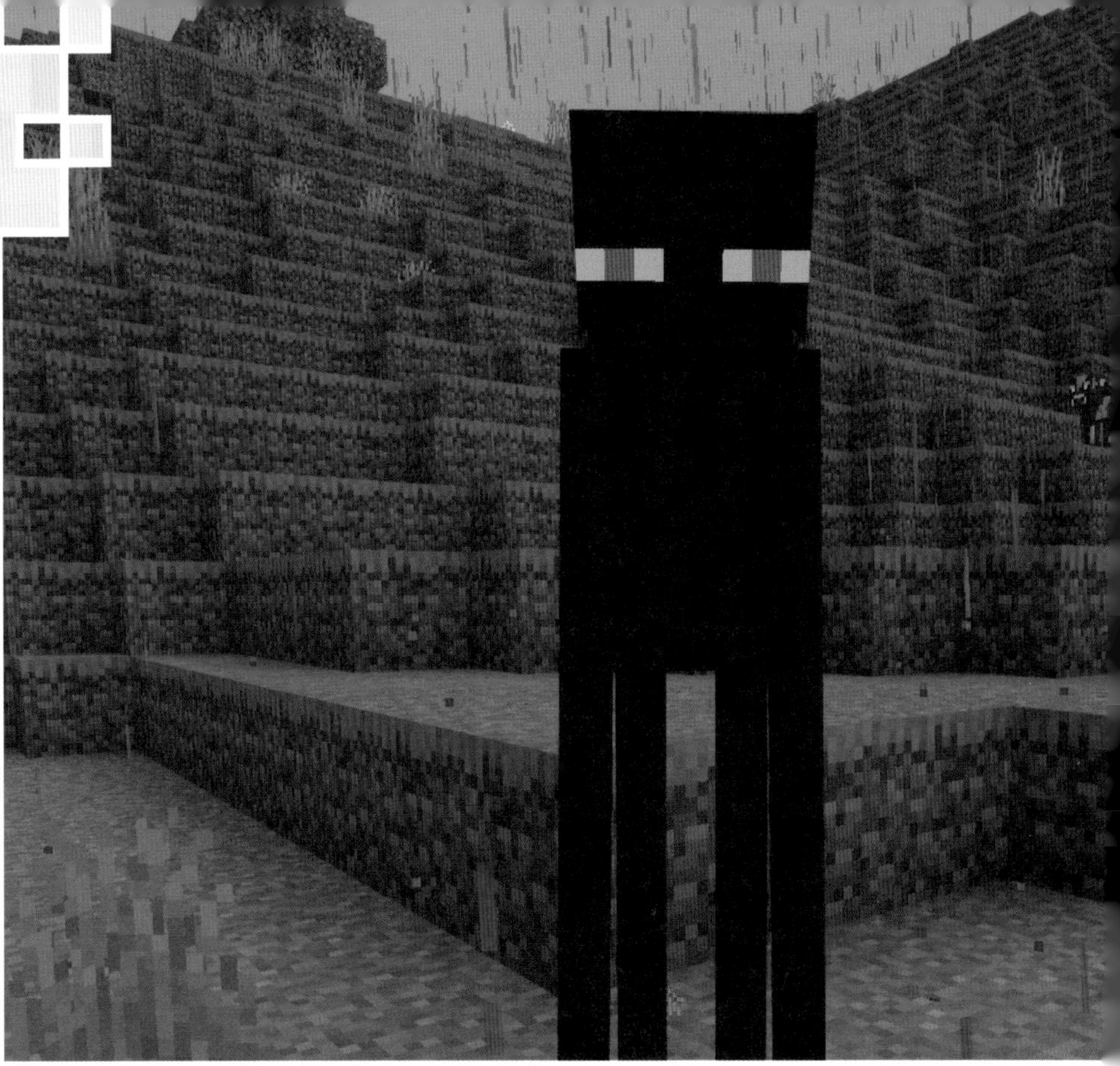

地団駄を踏む

怒りやくやしさに身もだえして、地面を激しく踏む。

姉が勝手に私のワールドで遊んでいたので、**地団駄を踏み**たい気分だ。

心残り

あとに思いが残り、気持ちがすっきりしないこと。しておけばよかったと残念に思うこと。

勢いでワールドを消してしまったことが、今でも**心残り**だ。

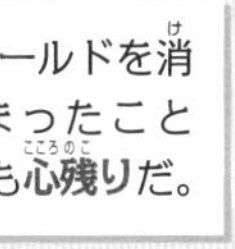

「くやしい」の仲間のことばを鉱石のマスにあてはめて、文章を完成させよう!

ブ	レ	イ	ズ	ロ	ッ	ド
を	手	に	入	れ	た	け
ど	ガ	ス	ト	に	倒	さ
れ			の	全	ロ	ス

➡答えは308ページ

さびしい

閑古鳥が鳴く

「閑古鳥」とはカッコウのこと。人がいなくてひっそりと静まり返っている様子を表す。特に客が来ない（もうからない）店やサービスを指す場合が多い。

無人の村があった。誰ひとりおらず、**閑古鳥が鳴いている**。

ものさびしい

なんとなくさびしい。理由がはっきりしないのにさびしい。

拠点にしていた村に雷がおちて建物が消失。ぽっこり空間ができて**ものさびしい**。

わびしい

さびしい。心細い。みすぼらしい。

マルチプレイ未経験のぼくは、今日も**わびしく**ひとりで整地を続ける。

人恋しい

さびしさのあまり、人に会ったり話したりしたい気持ちである。

村を見つけられず、ずっとひとりで歩いている。さすがに**人恋しく**なってきた。

切ない

悲しさや恋しさで、胸がしめつけられるような気持ちである。

村にいたネコがなんとなく**切な**い声で鳴いていたので、魚をあげて懐かせた。

哀愁が漂う

もの悲しい雰囲気が漂っている。

略奪イベントをクリア。しかし半分以上の村人は倒されてしまい、村にはなんとなく**哀愁が漂**っている。

孤独

ひとりぼっちであること。

馬もオオカミも見つからず、**孤独**に旅している。

火が消えたよう

活動が止まって静かになっている様子。活気を失ってさびしくなっている様子。

村から子どもがいなくなった。**火が消えたような**静けさだ。

安心

和む

気持ちや状態がおだやかになる。

オウムが肩に乗っている姿を見ると、かわいくて心が和む。

肩の荷が下りる

責任などがなくなって、気持ちが楽になる。

マイクラコンテストが終わって、肩の荷が下りた気分だ。

気が軽くなる

なやみなどから解放されて軽やかな気持ちになる。

建築のコンテストが終わった。思いのほかよくできて気が軽くなった。

胸をなでおろす

心配ごとやなやみごとが解決してホッとする。

迷子になっていたオオカミが無事に見つかって、胸をなでおろした。

リラックス

緊張から解き放たれること。くつろぐこと。

レッドストーン装置作りは、気持ちを落ちつかせて、リラックスして取り組むほうがうまくいくだろう。

羽を伸ばす

自由になり伸び伸びとふるまう。

エンドラ討伐も終わったことだし、見つけたメサで**羽を伸ばして**ゆっくり探索したい。

気楽

心配や苦労がなく、気持ちが楽な様子。のんきなさま。

マイクラは倒されても何度でもリスポーンするから、**気楽**に遊ぼう。

安泰

危険がなく、無事で安らかなこと。

平静

おだやかで落ちついていること。いらいらしていないこと。

病気で休んでいたリーダーが復帰して、**平静**を取りもどした。

アイアンゴーレムトラップに全自動農場を完備。これで**安泰**だ。

例文クラフト

下のコマを並べ替えて、文章をクラフトしてみよう!

もどした	もどり	村人が
取り	タウン	に
平静を	村は	ゴースト

➡答えは308ページ

心配

心細い

たよるものがなくて不安である。自分について言うことが多い。

染色した革の防具はかっこいいけれど、戦うには心細い。

気が気でない

心配で落ちつかない。

ぼくがちゃんとマイクラ講習会の会場にたどり着けたか、母は気が気でなかったと言っていた。

案じる

心配する。「案ずる」ともいう。

大きな地震があり、フレンドの身を案じてチャットを送った。

気がかり

心配で心からはなれないこと。

妹がいつになく静かだ。ネザーが気がかりなのだろう。

ひやひや

心配して恐れる様子。気が気でない様子。

エリトラでネザーを飛び回っていると、マグマが多くひやひやする。

心もとない

（はっきりしない状況のため）たよりなく落ちつかない。

遠くまで探検するのに、食料が乾燥した昆布とビートルートだけでは心もとない。

杞憂

心配しなくてもいいことを心配すること。取り越し苦労。

アップデートでマイクラの難易度があがらないか不安だったが、杞憂に終わった。

居ても立ってもいられない

そわそわしたり、いらいらしたりしてじっとしていられない。よいことにも悪いことにも使う。

明日は試合のスタメンが発表される日。期待と不安で居ても立ってもいられないよ。

ことば攻略ポイント

「心配」に関係することばでも前向きになれるものがある。「案ずるより産むがやすし」は、あれこれ心配するより、やってみれば案外うまくいくものだという意味。「備えあればうれいなし」は、準備をしておけば心配ないという意味だ。

つまらない

「つまらない」とはたいしたものではないことや価値がないこと。

味気ない

おもしろみや味わいがなく、つまらない。

ステンドグラスを設置したかったけど、染料がなかったから透明な窓にした。すると、**味気ない**見た目になってしまった。

月並み

ありふれていてつまらない。

私が作る建築はなんて**月並み**なんだろう。才能がある人がうらやましい。

あっけない

簡単で物足りない。張り合いがない。

エンダードラゴンは強敵と聞いて準備万端で討伐に向かったが、**あっけなく**倒すことができた。

あきあき

すっかりいやになること。うんざりすること。

毎日毎日、勉強しなさいと言われて、**あきあき**だ。マイクラしたいな。

無味乾燥

味わいやおもしろみがなく、つまらないこと。

豆腐小屋は**無味乾燥**な建築といわれることがある。

手持ちぶさた

することがなくてたいくつなこと。

旅行の移動中は**手持ちぶさた**なので、マイクラで遊べるようにゲーム機を持っていこう。

ばかばかしい

無意味でくだらない。非常にばかげている。

くだらない

ばかばかしい。真面目に取り合うだけの価値がない。

お父さんはマイクラをくだらないって言うけれど、ぼくにとっては世の中でいちばんおもしろいものなんだ。

フレンドの話を真面目に聞いていたのに、作り話だったようでばかばかしくなった。

＋α のマイクラ攻略メモ

真四角なだけの建築物を、マイクラファンはよく「豆腐建築」と呼ぶ。といっても、機能に差があるわけではなく見た目の話でしかない。建築に興味がないなら、拠点は豆腐建築でもなんの問題もない。

つかれる

足が棒になる

ずっと歩いていたり立っていたりして、足がひどくつかれる。

キノコ島のムーシュルームを見つけるために、**足が棒になる**ほど歩いた。

へたばる

弱る。力つきる。へとへとになる。

遠足で山を歩いたとき、途中で**へたばりそう**になった子をクラスのみんなではげました。

疲労困憊

すっかりつかれ切ってしまうこと。

徹夜で採掘をしたから**疲労困憊**だ。

ぐったり

ひどいつかれや病気などで力のない様子。

今日は整地で32スタック分も掘った。心も体も**ぐったり**だ。

くたくた

ひどくつかれて力の抜けた様子。

友達みんなで整地をしてく**たくた**になったけれど、きれいに作った建物は気持ちいい。

やつれる

やせおとろえる。みすぼらしくなる。

久しぶりに会ったいとこが**やつれていた**。マイクラにはまりすぎて、ずっとプレイしているそうだ。

精も根も尽きる

心も体もつかれ果てる。物事のやる気がまったくなくなる。「精も根も尽き果てる」ともいう。

毎日毎日整地ばかりで、もう精も根も尽きたよ。

あごを出す

つかれのせいで足が動かず、あごだけが前に出る。つかれすぎてどうにもならないことのたとえ。

アイテムの仕分け作業をしていたら、多すぎて途中であごを出した。

＋α のマイクラ攻略メモ

キノコ島はマイクラでもっとも出現しにくいバイオームだ。かならず深海バイオーム中に孤島として生成されるので、探すときはまず大海をみつけるのがおすすめだ。

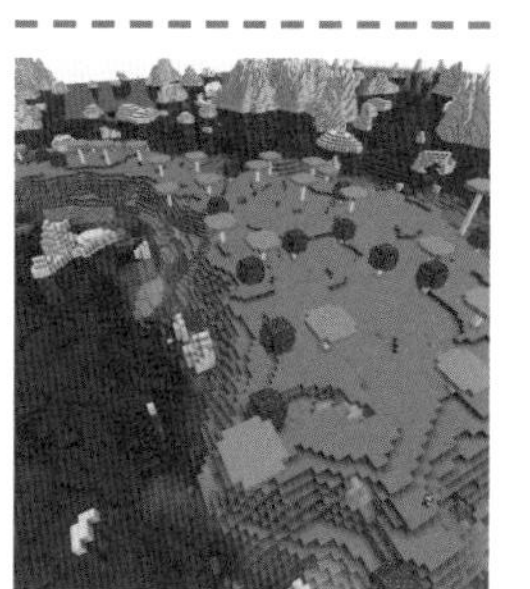

苦しい

状態や程度によっていろいろな「苦しさ」を表すことばがあるよ。

苦難

苦しみと難儀。つらく困難なこと。

ここまでたどり着くのに、たくさんの苦難があった。しかし、がんばったかいあって、ついにエリトラを手に入れた！

身をけずる

自分の体がやせ細るくらいの苦労をしたり、心を痛めたりする。

村がゾンビにおそわれている。村人を守るために、身をけずる思いでゾンビと戦った。

あっぷあっぷ

物事がうまくいかずに苦しむ様子。

勉強もサッカーもマイクラも、いそがしすぎてもうあっぷあっぷだ。

もがく

手足を動かしてもだえ苦しむ。あせっていら立つ。

足元のブロックを掘ったら下が溶岩。もがくばかりで、何もできずに燃えてしまった。

あえぐ

貧しさやプレッシャーなどに苦しむ。

水中での探索は難しい。酸素がなくなってダメージを受ける上に、ポーションが不足の不安感などの苦難にあえいでいる。

四苦八苦

元は仏教のことば。あらゆる苦しみ、非常に大きな苦しみのこと。

家作りはなかなか難しい。四苦八苦して、ようやく気に入った家ができた。

苦渋

苦しみなやむこと。

森に迷いこんでしまい、ついに食料がつきた。羊を連れて帰ろうとしていたが、苦渋の思いで食べることにした。

＋α のマイクラ攻略メモ

エリトラはエンドシップに必ず1個飾られている。エンドシップはクリア後に行く印象だが、実は最初から生成されているので、自力で橋でも作ればエリトラもクリア前に入手可能なのだ。

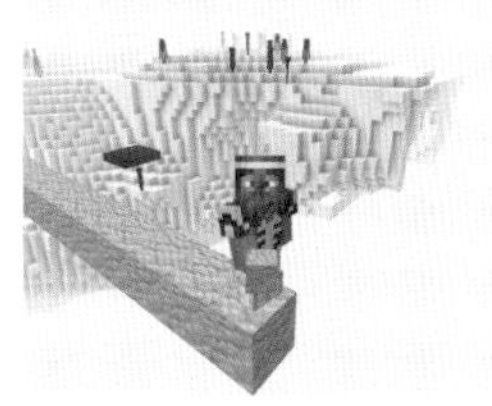

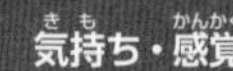

困る

困惑

どうしてよいかわからず困ったり迷ったりすること。

村に入ったところ、村人がひとりも見つけられず**困惑**した。どうやらふつうの村とはちがうようだ。

途方に暮れる

どうしたらよいのかわからなくなる。方法や手段がなくなり、困りはてる。

ゾンビにやられてしまった。すぐに散らばったアイテムを取りにもどったが、全て消えていて**途方に暮れた**。

切羽詰まる

追いつめられてどうしようもなくなる。

とうとう明日までに決めなくてはならない。**切羽詰まって**きた。

手も足も出ない

手段がなかったり無力だったりして、何もできなくなり困ること。

マルチでいきなりネザーに連れてこられたが、なんの用意もなく**手も足も出ない**。

手こずる

取り扱いに困ってもてあます。手にあまる。

建築には広いスペースが必要。ダイヤモンドの道具を持っていなかったので、整地に**手こずった**。

絶体絶命

追いつめられて、のがれる方法がないこと。

目の前には溶岩。後ろにはウィザースケルトン。絶体絶命の危機におちいった。

八方ふさがり

どの方向に向かってもふさがっているという意味。どの方法もうまくいかず手の打ちようのないことのたとえ。

通路でウィザースケルトンにはさまれ、八方ふさがりの状況に追いこまれた。

ことば攻略ポイント

ピンチのときによく使われることば「万事休す」。これは、全てが終わって、これ以上どうすることもできないという意味だ。ただ非常に危険な状況を表しているのではなく、対処しようとしたけれど、もう手段がないというときに使うよ。

アイテム発掘（はっくつ）！

ことばパズル 1

コマの中（なか）には、ことばとアイテムが混（ま）ざっているよ。

ことばを見（み）つけてアイテムを発掘（はっくつ）しよう！ ヒントはこのページにあるぞ。

問題（もんだい）1

す	し	丸
ご	目	る
く	は	を

問題（もんだい）2

し	ま	い
い	か	ま
ど	い	ま

問題（もんだい）3

持	き	さ
鳥	ぶ	手
た	ち	焼

問題（もんだい）4

に	岩	上
石	年	も
砂	の	三

問題（もんだい）5

糸	の	苦
八	苦	真
菌	紅	四

➡ 答（こた）えは309ページ

レールでつなごう！

トロッコパズル 1

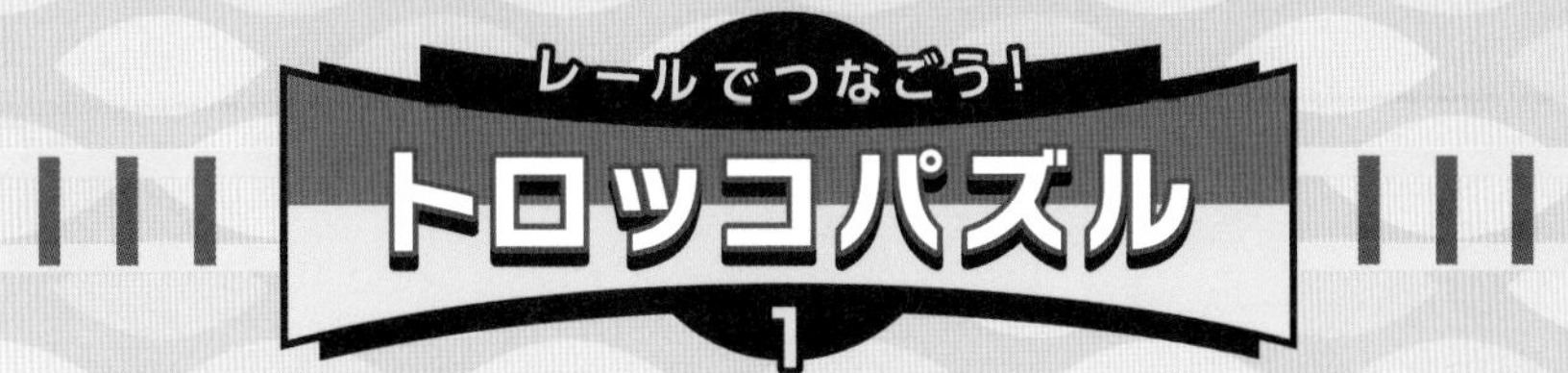

上のことばと下のことばを組み合わせて正しいことばができるように、あみだくじのレールを１本足そう。Ⓐ、Ⓑ、Ⓒのどのレールを足せばよいかな？

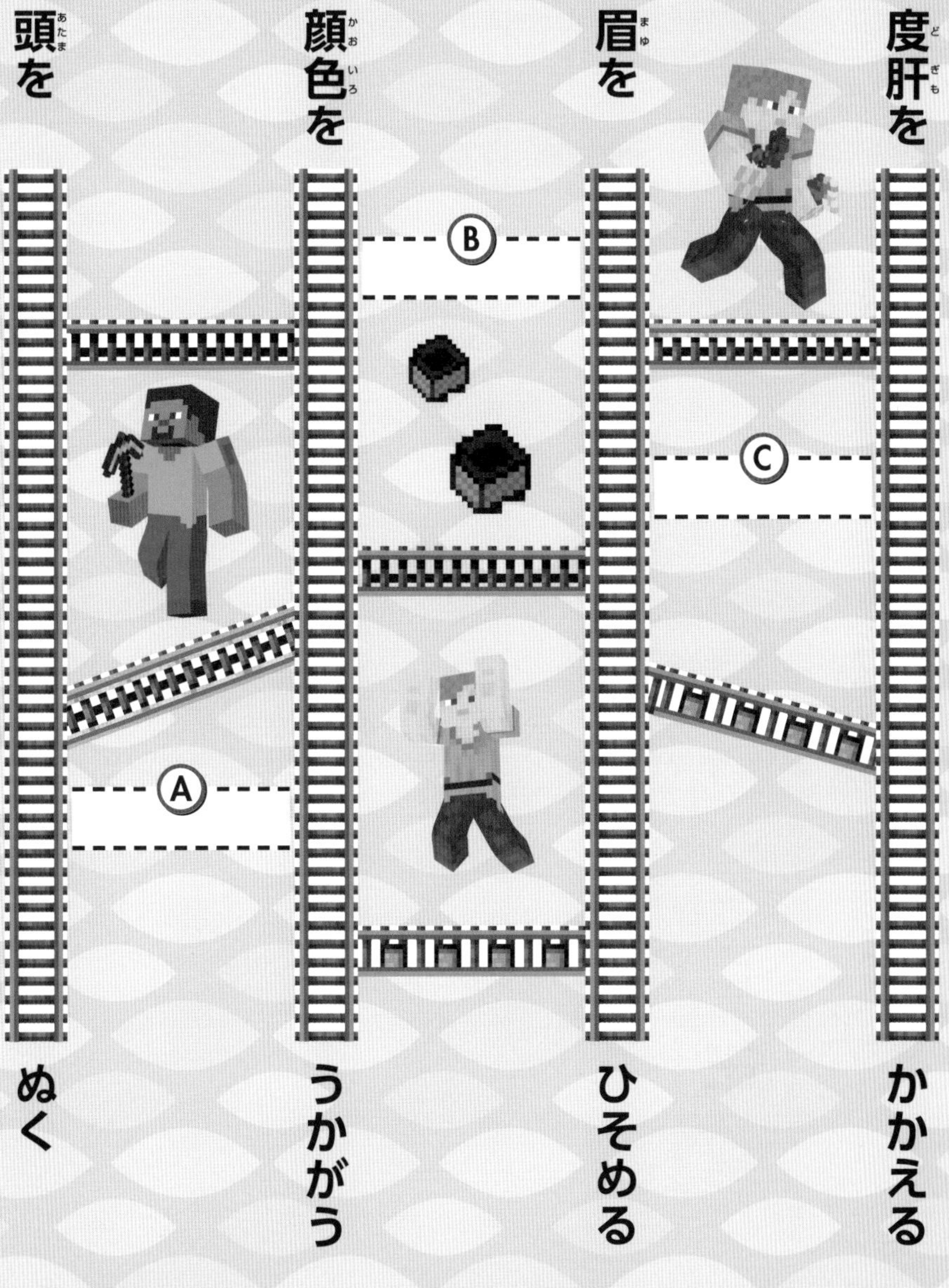
頭を
顔色を
眉を
度肝を
Ⓑ
Ⓒ
Ⓐ
ぬく
うかがう
ひそめる
かかえる

 ⇨ 答えは309ページ

感動する①

「感動」を表すことばはさまざま。たくさん覚えておきたいね。

ぐっとくる

心にしょうげきを受ける。心に響く。

桜バイオームに隣接した村があった。ぐっとくるほどの美しい村で、思わずスクリーンショットを撮った。

心をつかむ

気に入られる。興味をもってもらう。

真っ白で巨大なお城。有名クラフターの作り出した美しい建築は、一瞬で私の心をつかんだ。

じいんとする

身体の奥から感動や感激が静かにわき起こってくるように感じる。

村を守ろうと、ボロボロになりながら一生懸命戦うアイアンゴーレムを見て、じいんとした。

感激

気持ちがふるい立つくらい激しく感動すること。

経験値が足りないと話したら、兄がささっと巨大なモンスタートラップを作ってくれた。あまりの効率のよさに、感激した。

胸に響く

ことばや作品などに感動する。心を動かされる。

ぼくが好きなマイクラ小説に、**胸に響く**セリフがたくさん出てくるんだ。

心を打たれる

強く感動させられる。

桜バイオームの動画を観て**心を打たれ**、ぼくも行ってみたいと思った。

胸がいっぱい

心が強く動かされ胸がつまるように感じるさま。

ぼくの誕生日を祝うために、友達がプレゼントのダイヤモンドやケーキを持ってきてくれた。**胸がいっぱい**になった。

心が揺さぶられる

気持ちをみだされる。何かに感動させられる。

弟は村を巨大な街に作り替えようとしている。クリーパーの爆発で何度壊されても、あきらめず最後までがんばる姿に、**心が揺さぶられた**。

感動する②

心をうばわれる

心がひきつけられる。夢中になる。

暖かい海には、海中にサンゴ礁が広がっている。色とりどりの熱帯魚や、あざやかなサンゴ礁に**心をうばわれた**。

こみ上げる

激しい感情がわき上がる。また、こらえきれずにあふれ出る。

初めてエンダードラゴンを討伐した。うれしさと達成感で**こみ上げる**ものがあった。

胸を打たれる

強く感動させられる。はっとさせられる。

マイクラの小説を読んで**胸を打たれた**ので、友達にもすすめた。

うっとり

美しいものなどに心をうばわれて、ぼうっとしている様子。

チェストにたっぷり集められたダイヤモンドを、**うっとり**しながら眺めていた。

感銘を受ける

忘れられないほど深く感じる。

友達の姉はレッドストーンの達人。この間遊びに行ったら直々に仕組みを教えてくれて、**感銘を受けた**。

感慨無量

ことばを失うほど深く感じ入る様子。「感無量」ともいう。

ミニゲームのタイムアタックで、自己記録をついに更新することができた。**感慨無量**だった。

琴線にふれる

すばらしいことにふれて、心が共鳴する。

彼女はプログラミングを習い始めた。マイクラを始めて、何かが**琴線にふれた**のだと言う。

ことば攻略ポイント

「琴線にふれる」は、物事に感動しやすい人の心を、さわると美しい音を出す琴の糸（琴線）にたとえたことばだ。「逆鱗にふれる」（→P26）と似ているので、怒りを買うという意味でまちがえて使われることも多いから注意しよう。

ほこらしい

「ほこらしい」とは優れていて他人にじまんしたい様子をいうよ。

意気揚々

自信たっぷりにふるまうさま。

海底神殿を無事に攻略した。貴重なスポンジを発見することができて、意気揚々と帰った。

肩で風を切る

得意げにふるまったり歩いたりする。

マルチで大活躍をした彼は、次の日、肩で風を切って教室に入ってきた。

手前味噌

自分のことをほめること。じまん。

友達が家作りの参考になる建築を探していたので「手前味噌だけど、ぼくの作った家、なかなかいいよ」と言って、じまんの家を紹介した。

鼻が高い

ほこりに思う。得意な様子。

友達がぼくの作った城を見て、かっこいいとほめてくれた。自分でもとても気に入っているので、鼻が高い。

得意げ

ほこらしそうにしているさま。得意そうな様子。

友達がネザライトの剣を作った。みんながうらやましがるので、得意げな顔をしていた。

鬼の首をとったよう

さも大きな手柄を立てたように得意になっている様子。

大会の採点に納得いかなかった彼は、主催者に抗議をして主張を認められた。鬼の首をとったように喜んでいた。

自画自賛

自分で自分をほめること。

村に建物を増やして村人もたくさん増殖させた。見た目にもこだわったので、美しい村ができたと自画自賛した。

晴れがましい

非常に晴れやかである。華やかである。目立ちすぎて気はずかしいという意味や皮肉をこめて使う場合もある。

私がプログラミングの発表会で課題をクリアし大きな拍手をもらったとき、母は晴れがましい顔をしていた。

はげます

「はげます」とは声をかけて元気づけてふるい立たせること。

エールを送る

「エール」は英語で、声援、はげましのこと。「エールを送る」は声援を送る。はげます。

マイクラを始めたばかりの友達が、初めての洞窟探検に行こうとしている。ぼくは、「お前なら行けるよ！」と**エールを送った**。

活を入れる

弱っている者などに刺激を与えて元気づける。

PVPのチーム戦を前に、リーダーがみんなに**活を入れた**。

尻を叩く

早くするようにうながす。やる気が出るようにはげます。

ウィザーを召喚するには、レアなウィザースケルトンの頭蓋骨が三個必要だ。マルチ仲間が面倒くさがっているが、**尻を叩いて**収集の旅に出発した。

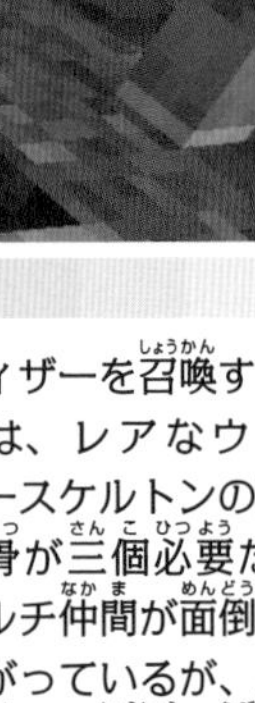

気合いを入れる

緊張感を高めて集中する。人に対してやる気を起こさせるときにも使う。

ネザーにはオーバーワールドとはちがう手強いモンスターがスポーンするため、**気合いを入れて**乗りこんだ。しかし早々に溶岩に落ち全てを失ってしまった。

はっぱをかける

強いことばでふるい立たせる。

ネザーをこわがる友達に、「装備をしっかり整えれば大丈夫。がんばって行ってみなよ」とはっぱをかけた。

力づける

自信がもてるようにはげます。元気づける。

建築仲間に絶対大丈夫と力づけてもらってだんだん上達してきた。

鼓舞

大いにはげましてふるい立たせること。

家の近くに大きな洞窟を見つけた。入ることをこわがっていた弟を鼓舞し、装備を整え探検に向かった。

叱咤激励

大きな声ではげましてふるい立たせること。

弟が途中まで作ったレッドストーン回路をあきらめようとしていた。「ここまでやったのに、やめたらもったいないぞ！最後までがんばれ」と叱咤激励した。

ほめる

よいしょする

おだてたりおせじを言ったりする。相手の言動に調子を合わせる。

弟が初めて家建築をした。あまりかっこよくはなかったが、やる気をそがないようによいしょた。

もてはやす

たくさんの人が話題にする。盛んにほめる。

友達はマイクラ歴五年にもなる超ベテランで、周囲からももてはやされている。

べたぼめ

大いにほめること。無条件にほめること。

マルチで自宅がかっこいいとべたぼめされた。

ほめたたえる

大いにほめる。さかんにほめる。

成績優秀でマイクラも得意な姉は、いつもみんなにほめたたえられ、私もほこらしい。

持ち上げる

ほめておだてる。

みんなにクラスでいちばんのクラフターだねと持ち上げられて、ちょっと気はずかしい。

称賛

ほめたたえること。「賞賛」とも書く。

ネザライト装備をコンプリートした友達は、称賛に値するだろう。

あっぱれ

すばらしい、見事であるなどの意味。ほめたたえるときに使うことば。

エンダードラゴンを一瞬で倒した活躍はあっぱれと言うしかない。

絶賛

ものすごくほめること。

ぼくの描いたクリーパーの絵が先生に絶賛され、県のコンクールに出展された。

＋α のマイクラ攻略メモ

ネザライト装備は実装当初と現在で作り方が変わっているぞ。当初はネザライトインゴットとダイヤ装備だけでよかったが、現在は鍛冶型が必要。鍛冶台でこの3種を合体させよう。

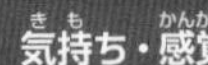

尊敬

「尊敬」とは相手を立派だと思って大切にする気持ち。

あがめる

尊いものとしてあつかう。大変立派なものだと思って、この上なく大切にする。

ドラゴンの卵を手に入れたので神殿を作って飾り、神様のようにあがめることにした。

敬う

相手を自分より上の存在として大切に思い、その気持ちを行動や態度に表す。

仲間を敬う気持ちを忘れたくない。だからぼくは仲間の建築は大切にするし、アイテムも勝手に使ったりしないんだ。

一目置く

相手が自分より優れていると認めて、一歩ゆずって敬意をはらう。

友達の建築には一目置いている。装飾のアイデアが独特で、取り入れたいものがたくさんある。

頭が下がる

相手の行いなどが立派で、自然と尊敬する気持ちになる。

見渡す限りの巨大建築を、彼は何年もかけてひとりで作ったという。どんなに大変だっただろうか、その根気には頭が下がる。

心酔

あるものに心を奪われて熱中すること。ある人に対して心から尊敬すること。

妹は**心酔**するマイクラ配信者の動画を一日中観ていて、とうとう母にうるさいと言われていた。

尊ぶ

うやまって大切にする。尊いものとしてあがめる。

山里で暮らしている祖父母が、人はもっと自然を**尊ぶ**べきだと言っていた。

リスペクト

尊敬。敬意。

今度、ぼくが**リスペクト**しているマイクラ実況者の話を聞けることになった。

敬意を表す

尊敬の気持ちを示す、表す。「敬意を表する」ともいう。

戦闘も上手く、建築アイデアも出してくれる友達に**敬意を表す**ため、大事にしていたネザライトの剣をプレゼントした。

親しい

仲むつまじい

仲がよい。気持ちが合う。

村人たちにパンをたくさんわたした。しばらくすると、村人たちは**仲むつまじい**様子で見つめ合い、ハートマークを出したあとに子どもが生まれた。

打ち解ける

警戒心がなくなって親しくなる。

初めて会った人だったが、おたがいマイクラが好きで話が盛り上がり、すぐに**打ち解けた**。

心が通う

おたがいの気持ちが通じ合う。

同じ部屋に入院していた同い年の子はマイクラ好きで、すぐに**心が通った**。

馴染み

なれて親しくなる。調和する。とけあう。

父は毎週末、**馴染み**のカフェでマイクラをプレイするのを楽しみにしている。

親密

親しくて深い関係にあること。

好きな人と友達が**親密**そうにマイクラの話をしていたのでしっとした。

親しみ深い

親しみを感じられる様子。

マイクラのカエルはなかなか**親しみ深い**ルックスをしている。

馬が合う

気が合う。

気が置けない

気づかいや遠慮の必要がない。

彼とは気が置けない仲で、なんでも相談し合えるんだ。ぼくはマイクラのなやみをよく聞いてもらってるよ。

弟とは何も言わなくても、次にやりたいことが一致する。マイクラプレイでとても馬が合うようだ。

＋α のマイクラ攻略メモ

村人は動物モブ同様、二人いる状態で食べ物を与えると繁殖する。パンなら3個、ジャガイモなら9個で繁殖モードとなるぞ。ただ、村人だけはベッドも必須。人数以上の空ベッドを設置しておこう。

好き

いつくしむ

かわいがって、大事にする。

アイアンゴーレムはポピーを持っている。鉄の巨人にも、花を**いつくしむ**心があるのだろう。

心を引かれる

興味を引かれる。引き寄せられるような魅力を感じる。

マイクラにはさまざまな動物がいる。そのなかでも**心を引かれる**のはパンダだ。

好意を寄せる

好ましく思う。淡い恋心を表すときに使うことが多い。

父と母はゲームで知り合って、だんだんとおたがいに**好意を寄せて**結婚したんだって。

好感を持つ

好ましく思う。きらいではない感情を持つ。

マイクラワークショップの先生に会った母は、「**好感を持てる**人だ」と言っていた。

恋しい

離れている人や物に強く心を引かれている。

もう死んでしまったけれど、最初に懐かせたネコがとても**恋しい**。

目がない

とても好きである。

ネコが大好きな妹。マイクラでもネコには目がない。

あこがれる

そうなりたい、そうしたいと心が強く引きつけられる。

自分でレッドストーン回路を考えて、装置を作れる人にあこがれる。ぼくはまだお手本を見ながらじゃないと装置が作れない。

ぞっこん

本来は心の底からという意味だが、心の底からほれこんでいるという意味で使うことが多い。

このところ、ぼくはオウムにぞっこんだ。音楽にのって踊る姿や、肩に乗ってくれるところがたまらなくかわいい。

熱を上げる

夢中になる。そのことばかりに熱中する。

ぼくは今、ダイヤモンドを集めることに熱を上げている。ダイヤモンドブロックだけで建築物を作るのが、最終的な目標だ。

＋α のマイクラ攻略メモ

ダイヤモンドは高さ16以下のより深いところで多く生成される。つまり岩盤のちょっと上あたりを掘り進めるのがいちばん効率がいい。なおダイヤモンド9個で、ダイヤモンドブロックができるぞ。

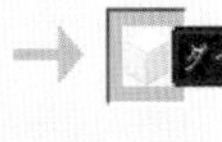
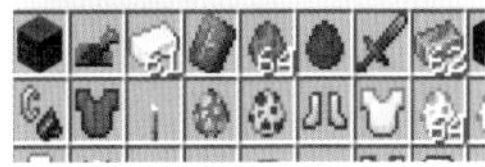

きらい

気に食わない

自分の好みじゃない。不満である。好きになれない。

マイクラでもっとも気に食わないモブはクリーパー。足音もなく近づいてきて、一生懸命作った建築物を破壊してしまうからだ。

虫が好かない

どことなくいやな感じがして遠ざけたい。これといった理由はないが好きになれない。

フレンドは陰でぼくの悪口を言っている。最初から虫が好かないやつだと思っていた。

いけ好かない

非常に気に食わない。まったく好きになれない。

あの人はいつもぼくの家に勝手に入って、チェストの中身を持っていく。正直、いけ好かないと思っている。

鼻につく

あきていやになる。

フレンドはちょっとしたことを大げさに言うので、だんだん鼻についてきた。

うとましい

きらいなので遠ざけたい。不気味に感じる。

本音ではうとましいと思うフレンドはいるけれど、ぼくはいつも公平に接する。

嫌悪

不快感を持つこと。憎みきらうこと。

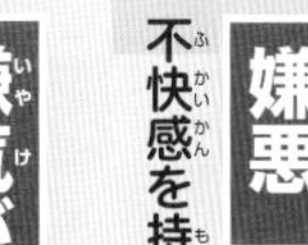

村人をちゅうちょなく攻撃する行動には、嫌悪感を覚える。ゲームのキャラクターといえども、ぼくは友好的に接したい。

嫌気がさす

いやだなという気持ちになる。

初めてのマイクラでモンスターに囲まれて何度もゲームオーバーになり、ぼくは嫌気がさしていた。

毛嫌い

理由もないのに感情的にきらうこと。

クモのことを毛嫌いする人も多いけれど、私はかわいいなと思っている。

うっとうしい

気持ちが晴れ晴れしないという意味の「うっとうしい」だよ。

煩わしい

面倒くさい。うるさい。

建築をしていると、まわりにスポーンするモブが**煩わしく**感じることがある。そんなときは、コマンドでスポーンしないように設定しよう。

ゆううつ

気持ちが晴れないこと。気がふさぐこと。

億劫

面倒で気が進まない。

建築するのは楽しいけど、整地するのは**億劫**だ。でも、このワールドを作りこみたいからがんばろうと思う。

げんなり

つかれたり気力がなかったりして、動くのもいやになっている様子。

マグマダイブして、全てのネザライト装備を失ってしまった。また素材集めをしなければいけないので、とても**ゆううつ**だ。

せっかく育ててきた村人たちが、襲撃イベントでほとんど殺されてしまった。また増やすところから始めないといけないと思うと、**げんなり**する。

けなす

「けなす」とは人などを悪く言うことだよ。

悪態をつく

けなす。悪口を言う。特に本人の前で言うときに使う。

村人と取引したら、高値をつけられた。**悪態をついて**村人をなぐると、アイアンゴーレムにおそわれた。

こき下ろす

ひどくけなす。激しく悪口を言う。

彼はなにかとぼくの家に難癖をつけて**こき下ろ**してくる。でもぼくは気に入っているんだ。

ののしる

ひどいことばで悪口を言う。

兄が大切にしていたネザライトのツルハシを勝手に使っていたら、溶岩に落ちてロストしてしまった。ひどく**ののしられた**が、何を言われてもしかたがないと思った。

誹謗中傷

根拠のない悪口を言いふらして、相手の名誉を傷つける。

好きなマイクラの配信者が**誹謗中傷**を受けたらしい。動画投稿を少し休むらしく、ぼくもとても悲しくなった。

疑う

「疑う」とはあやしいと思ったり、まちがいではないかと思ったりすること。

いぶかる

疑わしく思う。あやしく思う。不思議に思う。

樫の林が燃え上がっていた。誰かが火をつけたのかといぶかっていたが、近くにあった溶岩湖が原因だった。

半信半疑

うそか本当か、判断に迷うこと。どうしても信じ切れないこと。

アップデートで、ダイヤモンドの生成量が増えたらしい。**半信半疑**で試したが、実際に増えていた。

いぶかしい

疑わしい。あやしい。

フレンドの話にはいぶかしい点がある。

うさんくさい

なんとなくあやしい。油断できない。

マルチでうさんくさい人が話しかけてきてこわかったと姉が言っていた。

疑惑

本当かどうか疑わしく思うこと。

大量のダイヤモンドを持っている友達が、チートを使ったのではという**疑惑**をかけられている。

首をひねる

疑問に思い考えこむ。理解できずに考えこむ。

レッドストーン回路が思ったとおりに動かない。何度見返しても原因がわからず、**首をひねる**ばかりだ。

不審がる

疑わしい気持ちやはっきりわからない気持ちを言動に表す。

まゆつばもの

だまされる心配のあるもの。本当かうそか確かではないもの。

弟はこの家を自分ひとりで作ったと言うが、まゆつばものだと思っている。なぜなら、細かいところまで作りこまれているからだ。弟がここまでできるはずがない。

一緒に建築をしていたはずの友達が、いつの間にかいなくなった。どこを探しても見つからず不審がっていたら、「ネザーに行ってきた！」と、とつぜん帰ってきた。

＋α のマイクラ攻略メモ

ネザーにはネザーゲートを使ってワープして行く。ゲートは何個作ってもいいのだが、ネザーと地上では距離が8倍ちがうのだ。ネザーで10マス先にゲートを作ると、地上では80マス先に現れる。

とぼける

知らないふりをしたりまぬけに思わせたりするのが「とぼける」。

すっとぼける

何も知らないいないふりをする。何も感じていないふりをする。

ぼくのダイヤモンドが盗まれてしまった。友達はすっとぼけていたが、いつの間にかダイヤモンドの防具をそろえていたのであやしい。

しらばくれる

知っているにもかかわらず、知らないかのようにふるまう。

弟にネザーへの行き方を聞かれたが、「ぼくもわからない」としらばくれた。

しらを切る

知らないふりをする。しらばくれる。

チェストから取り出すところを見られていたにもかかわらず、彼は「このダイヤモンドは拾っただけなんだ」としらを切った。

そらぞらしい

誠意や真実味がないことが見えすいている。

妹は整地をさぼったことをしかられて、そらぞらしい顔で言い訳をしていた。

しらじらしい

うそだとすぐわかる。見えすいている。知らないふりをする。

マルチで馬がいなくなっていた。兄を問い詰めると「逃げたんじゃないか」としらじらしくとぼけられた。

何食わぬ顔

何も知らない、自分には関係ないという顔。またはそういうふるまい。

彼はぼくの建築をまねしたのに、**何食わぬ顔**で自分のオリジナル建築だとじまんしているんだ。

知らんぷり

本当は知っていても、それを知らないかのようにふるまうこと。

冒険から帰ると、拠点が大きく壊れていた。友達に聞いてもみんな**知らんぷり**して、誰がやったのか教えてくれない。たぶん、誰かがクリーパーを爆発させてしまったんだろう。

＋α のマイクラ攻略メモ

実はマイクラでは、モブから遠く離れると大半のモブは消滅してしまう。ただし餌で誘導したり騎乗したりすると、家畜やペットとなり消滅しなくなる。村人なら名札をつけるか、一度でも繁殖させると消えなくなるぞ。

こびる

「こびる」とは相手の気に入ることを言ったりしたりすること。

機嫌を取る

人の気に入るような言動をする。相手の気分をよくするような言動をする。

建築を手伝ってほしそうにしていた弟が、ぼくの**機嫌を取る**ためにダイヤモンドを三十個も持ってきた。

こびを売る

相手の機嫌を取る。気に入られようとする。

彼は**こびを売る**のがきらいだと言って、えらい人にも正直に思ったことを話す。

しっぽをふる

相手に気に入られるようにふるまう。特に相手が自分より力のある人の場合に使う。

兄にいつも**しっぽをふって**いたら、ブレイズロッドをもらえた。

取り入る

気に入られるように相手に働きかける。自分が有利になるように力のある人に働きかける。

いくらリーダーに**取り入っ**たって、ダイヤモンドが手に入るわけじゃないのに。

ごまをする

相手にお世辞を言ったり持ち上げたりして、自分にいい印象を持ってもらうよう仕向ける。

あの人はマルチにさそってほしくて、ごまをすっている。

へつらう

人に気に入られるようにふるまう。こびる。

ゲームを貸してほしいからって、友達にへつらうのはいやだな。

おもねる

人の機嫌を取って気に入られようとする。

ぼくは人におもねるのが苦手だ。ひとりで冒険するのが気楽でいい。

顔色をうかがう

相手の気持ちを知ろうとして、表情をひそかに観察する。

お父さんとサバイバルモードで遊んでいたけど、実はぼくは戦闘が苦手だ。お父さんの**顔色をうかがい**つつ、「クリエイティブでやってもいい？」と聞いてみた。

やましい

「やましい」とは自分の心にはじるところがあり後ろめたいこと。

気がとがめる

よくないことをしたと思って、心が苦しい。罪悪感がある。

沼地に村を作りたい。少し**気がとがめる**けれど、草原の村から村人を二人連れてこよう。

ばつが悪い

その場にいるのがかっこうがつかず、はずかしい。

クリーパーを爆発させてしまい、弟の畑がめちゃくちゃになってしまった。弟は「別にいいよ」と言ってくれたが、**ばつが悪かった**。

負い目がある

相手に恩義があったり、自分にはじることがあったりして、相手に頭が上がらなくなる。

ぼくはあまりマイクラがうまくないので、いつも友達に助けられてばかりだ。足を引っ張っていることに、**負い目がある**。

気が引ける

相手に迷惑がられるのではないかと思って、遠慮や気後れを感じる。

友達はレッドストーン回路にとてもくわしい。ぼくもレッドストーン回路を作ってはいるけど、人に見せるのは**気が引ける**。まだ上手には組めていないから。

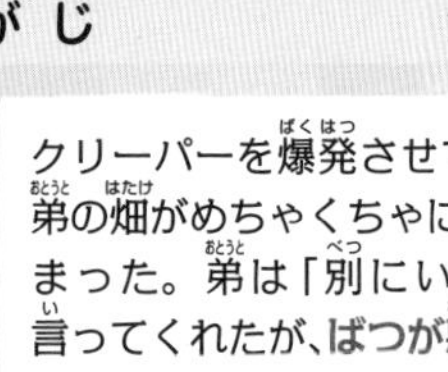

後ろ暗い

とがめられるようなやましいことをしている。

友達のチェストからアイテムをとったことがある。なんとも**後ろ暗い**気持ちになったのでもうあんなことはしない。

罪悪感

悪いことをしたという気持ち。

宿題をしないでマイクラをやっていると、なんとなく**罪悪感**がある。心から楽しむために、先に宿題を終わらせよう。

心苦しい

相手に申し訳ない気持ちがする。

ぼくは牛肉を主な食料にしている。仔牛が見ている前で親牛を倒すのは**心苦しい**が、食料を得るためにはしかたない。

後ろめたい

悪いことをしたと感じていて、気がとがめる。

ネットで見つけた誰かの建築物を、自分が作ったと言ってじまんしてしまった。友達にはバレなかったけれど、**後ろめたい**気持ちでいっぱいになった。

こわい①

おそるおそる

ひどくこわがり、緊張しながら物事を行う様子。びくびくしながら。

廃坑の坑道をおそるおそる進んでいくと、チェストつきトロッコを発見した。中にはダイヤモンドとエンチャントの本が入っていた。

おののく

恐怖や興奮で体が震える。または震えるほどの思いをする。

一本道の坑道で採掘していたら、うめき声がした。ゾンビかもしれないと思っておののいた。

怖気づく

恐ろしい、かなわないという気持ちになる。

ネザー要塞を発見したが、ブレイズやウィザースケルトンがいるのを見て、怖気づいてしまった。いったん出直そうと思う。

尻ごみ

ためらってぐずぐずすること。

ジ・エンドの雰囲気とエンダードラゴンの大きさに尻ごみしてしたが、お父さんと協力してなんとかエンダードラゴンを倒すことができた。

気後れ

自信がない、はずかしいなどの理由で、気持ちがひるむ。

初めてマルチプレイをした。ぼくだけが初心者で、**気後れ**していたけど、みんなが助けてくれて楽しめた。

臆病

ちょっとしたことにもこわがること。

ぼくは**臆病**だから、夜になるとすぐベッドで寝ている。でも、友達はモンスターが出てきても、ずっと起きているらしい。

物怖じ

何かを恐れて尻ごみすること。恐怖を感じること。

弟は**物怖じ**しない性格で、初めてマルチプレイする人ともすぐに打ち解ける。

ひるむ

こわくて身が縮まり動けなくなる。相手の勢いにおされて、気力がくじける。

洞窟でいきなりウィッチが出てきた。しかし、お兄ちゃんは**ひるむ**ことなく立ち向かい、無事に倒すことができた。

こわい②

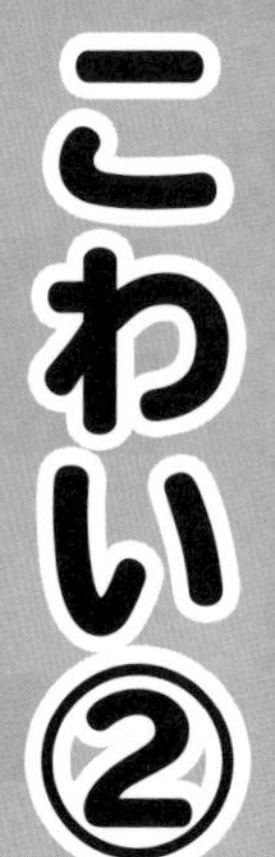

おびえる

こわがってびくびくする。

村人が家の中に逃げこんでも、ゾンビはドアの前まで追いかけてうなり声をあげる。家の中の村人は、おびえているにちがいない。

鳥肌が立つ

恐怖心で、寒いときのように肌の毛穴が収縮してぶつぶつになる。

学校でゆうれいを見たという友達の話を聞いて、鳥肌が立った。

足がすくむ

恐怖や緊張でこわばって、足が思うように動かない。

砦の要塞を見つけたが、床がすきまだらけで足がすくんだ。

青ざめる

こわくて顔色が青白くなる。

ダイヤモンド探しをしていたら、天井から砂利が降ってきた。間一髪で埋まらずにすんだが、とつぜんの出来事に青ざめた。

背筋が寒くなる

こわくて背中の中心がぞくっとする。

とつぜんウィッチが現れて、毒のポーションを投げてきた。幸い毒はくらわなかったが背筋が寒くなる思いをした。

血の気が引く

恐怖や心配で肌が青ざめる。特に急にショックを受けたときに使う。

村人に雷が落ちて、ウィッチになってしまった。とつぜんの出来事で、**血の気が引く**ほどこわかった。

ぞくぞく

恐ろしさなどで震えるほど動揺する様子。

地面が大きくえぐれた地形を見つけた。下を見ると、落ちたら危険な高さ。**ぞくぞく**と恐怖を感じて、すぐにその場を離れた。

身震いする

恐怖心や緊張感などで身体が小刻みに動く。

エンダーマンのワープの音は、**身震いする**くらいこわいんだ。あいつらは家の中に入ってくることがあるから。

願う

願望

実現を願い望むこと。

ぼくはすべての動物モブを飼うという**願望**がある。

待望

何かが起こることや出現するのを待ち望むこと。

マイクラの新しいアップデートでは、**待望**の新アイテムが追加されるらしい。今からとても楽しみだ。

欲する

欲しいと思う。実現を願う。

彼女はすぐに自分の**欲する**がままに行動して、フレンドたちをおどろかせる。

期する

期待する。成しとげようと心に誓う。

期して、力いっぱい応援した。チームの勝利を

念願

長い間の願い。一心に思い願うこと。

ついに鉄のツルハシが用意できた。これで**念願**のダイヤモンド採掘に出かけられる。

すまない

「すまない」とは、感謝やおわびのしようがなく申し訳ないという意味。

面目ない

世間に顔向けできないほどはずかしい。はずかしくて人と顔を合わせられない。

エンダードラゴンなんて余裕とマルチを始めたが数秒で倒されて、**面目ない**。

恐縮

迷惑をかけて申し訳なく思うこと。気はずかしくて身がすくむこと。

恐れ多い

申し訳なくて頭が上がらない。もったいない。大変にありがたい。

多数決で私がチームリーダーに決まったけれど、**恐れ多く**てできる気がしない。

顔向けできない

はずかしさや申し訳なさで、相手の顔を真っ直ぐ見ることができない。

ぼくのミスのせいでウィザーに負けた。みんなは気にするなと言うけれど、申し訳なくて**顔向けできない**よ。

マルチに入った瞬間、管理人からダイヤモンドを5個ももらって**恐縮**した。

残念

後悔
してしまったことについて悔やむこと。

真下のブロックを掘っていたら、溶岩に落ちてしまった。すべてのアイテムを失い、なぜ階段状に掘らなかったのかと**後悔**した。

遺憾
思い通りにいかず、残念に思うこと。

大臣が失言をしたことが大騒ぎに発展。首相が**遺憾**の意を表明した。

残念無念
非常に残念であること。心残りであること。

私の大好きなマイクラ配信者が引退するのは、**残念無念**だ。

がっかり
望み通りにならず、元気をなくす様子。

砂漠のピラミッドを発見し、お宝チェストの中身を確認した。しかし、めぼしいものが何も入っておらず**がっかり**した。

惜しむ
心残りに思う。残念がる。もったいないと思う。

手間を**惜しんでいる**と、いい建築ができない。細かいところにまでこだわったほうが、かっこいい建築になる。

情けない

「情けない」とはみじめで残念である様子。

みじめ

ひどい様子。かわいそうで見ていられない様子。

ガストから必死に逃げ回っていたが、結局やられてみじめな気持ちになった。

嘆かわしい

嘆かずにはいられないほどひどい。

嘆かわしいことに人のアイテムを盗ったり、人の作った建築を壊したりする人がいるみたいだ。

意気地なし

気力や勇気がないこと。また、そういう人。弱虫。

クリーパーを見つけるとすぐ逃げてしまうぼくに、お兄ちゃんは「意気地なしだなぁ」と言った。爆発がこわいんだから、仕方ないじゃないか。

ふがいない

意気地がない。だらしない。情けない。

まだ、友達の足を引っぱるようなプレイしかできていない。あまりにもふがいない。

あわれ

かわいそうだと思うこと。

自信満々だったPVPで友達に負けた。あわれだと思われていたらくやしい。

はずかしい

照れくさい

照れてしまってなんとなくはずかしい。

スケルトンの頭を手に入れた。でもあまりほめられると**照れくさい**。

顔から火が出る

あまりのはずかしさに顔を赤くする。顔が熱を持っているように感じる。

好きな子の前でゾンビに倒されてしまって、**顔から火が出る**ほどはずかしかった。

穴があったら入りたい

どこかにかくれてしまいたいほどはずかしい気持ちのたとえ。

宝箱を見つけて嬉しくなって駆け寄ったら、単純なワイヤートラップ仕掛けの矢が出て倒された。フレンドにも見られており、**穴があったら入りたく**なった。

きまりが悪い

他に対して面目が立たない。ばつが悪い。

ベテランぶって友達とマルチを始めたが、自分のほうが下手で**きまりが悪い**。

シャイ

内気ではずかしがりや。

シャイな友達は、はずかしいからとマルチでは絶対に遊んでくれない。

面はゆい

照れくさくて顔を合わせづらい。きまりが悪い。

ウィザーを倒せたのは運よく矢が当たっただけなのに、腕前をすごくほめられて面はゆい。

こそばゆい

実際より評価されるなどして、照れくさい。

友達が、私のレッドストーン装置をほめてくれた。「みんなも見習おう」とまで言うので、ちょっとこそばゆい感じがした。

＋α のマイクラ攻略メモ

スケルトン、ウィザースケルトン、ゾンビ、クリーパー、ピグリンは帯電クリーパーの自爆に巻きこまれて倒されると、必ずモブの頭をドロップする。手に入れるのはかなりの高難度なチャレンジだ。

はじらう

「はじらう」とははずかしがることだよ。

頬を染める

はずかしくて顔を赤らめる。

弟が大量が鉱石を集めてくれた。「ありがとう、助かったよ」と言うと、弟は頬を染めて照れていた。

気はずかしい

少し照れくさい。なんとなくはずかしい。

友達はぼくのことをマイクラの師匠と呼んでくれる。うれしい気持ちはあるけど、気はずかしいのでそう呼ぶのはやめてほしい。

はにかむ

はずかしそうにする。

お父さんが弟の作っている家を見て、「すごくかっこいいね」とほめた。弟は少しはにかんだ様子で、もくもくと作業を続けていた。

もじもじ

遠慮や気後れなどで落ちつかない様子。

友達に「家を見せてよ」とお願いすると、もじもじしながらも家のスクリーンショットを見せてくれた。

2

性格や特徴を表すことば

かしこい

利口

頭がよいこと。かしこいこと。ぬけめないこと。要領がよいこと。

スケルトンは意外に利口だ。日光をさけるために木のかげにかくれるし、燃えると水に入って火を消そうとする。

頭が切れる

頭が柔軟で機転が利く。問題を解決する能力がある。鋭い考え方をする。

一緒にワールドを作っている友達は、とても頭が切れる。いつもすごいレッドストーン装置を作るんだ。

知性あふれる

物事を知っていて、考えたり判断したりする能力がある。

友達のワールドには、おもしろい装置がついた知性あふれる建築がたくさんある。

目から鼻へぬける

利口で理解するのが速い。頭の回転が速く、ぬけめがない。

ピグリンに囲まれて絶体絶命の状況におちいったが、目から鼻へ抜けるような要領のよさで、乗り切った。

賢者

かしこい人。物事のよい悪いを判断できる人。

司書の村人は、頭に赤い本をのせて白い布をまとっている。まさに、すべてを知る賢者のような出で立ちだ。

利発

頭の回転が速いこと。かしこいこと。

利発で人懐っこい弟は、建築も上手で、みんなから一目置かれている。

聡明

物事の理解が速くかしこいこと。知性を備えていてかしこいこと。

聡明なプレイヤーほど準備をおこたらず、武器防具や食料をしっかりそろえている。

頭脳明晰

頭がよく、思考や判断力がはっきりしていること。

ぼくらはエンダードラゴンを倒すためにパーティを組んだ。もっとも頭脳明晰な彼にリーダーをお願いして、指揮をとってもらおう。

優れる①

有能

才能があること。役に立つこと。

村人のなかでも、鍛冶屋の村人は特に有能だから大事にしておきたい。彼らはダイヤモンド製のアイテムを売ってくれるぞ。

才能がある

「才能」とは物事をうまくやりとげる生まれつきの能力。それが備わっている状態。「才能あふれる」ともいう。

弟は建築の才能があると思う。初めて家を作ったのに、ぼくの家よりも大きくてかっこいいんだ。

秀でる

他よりも特に優れている。

一緒にワールドを作っている友達は、どちらかというと戦闘よりも建築に秀でている。戦いはぼくの役目だ。

優秀

非常に優れていること。他よりも特に優れていること。

マイクラの食料で、もっとも優秀なのは豚肉と牛肉だ。満腹度が8も回復するうえに、隠し満腹度の回復量も多い。

堪能

技能的に優れていること。

マイクラの建築が堪能な彼は、和風のものから洋風のものまであらゆる建築を作る。

腕が立つ

腕前や技術、能力がすばらしい。

スケルトンはとても腕が立つ弓使いだ。プレイヤーのいる場所めがけて、寸分たがわず矢を放ってくる。

長ける

得意である。他よりも優れている。

戦闘に長けた友達が助けてくれるおかげで、戦いが苦手なぼくもマイクラでの冒険を楽しめている。

目が高い

物事を見分ける力がある。よいものを見極める力がある。

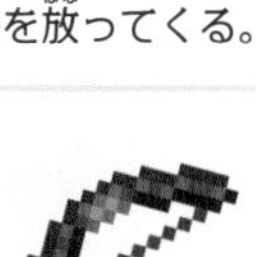

弟の誕生日にマイクラグッズをプレゼントした。ぼくはマイクラグッズに関してはとても目が高いのだ。

優れる②

右に出る者がない

右というのは優れた人のいる側。つまり、その人以上に優れた人はいないという意味。

レッドストーン回路を作らせたら、彼の**右に出る者がない**。

群を抜く

他よりもかなりリードしている。たくさんの中で飛び抜けて優れている。

彼の戦いのスキルは、ぼくたちのグループで**群を抜いている**。

非凡

平凡ではないこと。普通より優れていること。

彼の作るレッドストーン回路には、**非凡**な発想を感じる。

頭角を現す

周囲の人より一段と優れている。大勢の中で際立つ。

建築大会でトップだった選手は大学生になってから急に**頭角を現した**そうだ。

卓越

他より明らかに優れていること。

友達は地形を生かした攻撃を繰り出すなど、**卓越**した戦闘スキルを持っている。

水際立つ

あざやかに際立つ。他よりも明らかに目立つ。

練習のときは**水際立っていた**プレイヤーだったが、本番で緊張のあまり失敗してしまった。

絶世

世の中で他に並ぶ者がいないほど、優れていること。

絶世の美女スキンを作りたかったが、いかんせんカクカクなマイクラキャラでは難しい。

さる者

なかなかの人。重要な人。重んじられる人。あなどれない人。

敵もさる者。こちらも十分に準備をしておかないと、特にウィザースケルトンにはあっという間に倒されてしまうよ。

ことば攻略ポイント

他に大きな差をつけて一位の状態にあるときに、「断トツ」ということばを使う。「断トツ」は「断然トップ」を略したことばだ。「トップ」を略して「トツ」だから、漢字はなくカタカナで書くのが正解だよ。

やさしい

思いやりがあって親切という意味の「やさしい」の仲間。

寛大

思いやりがあり、人をむやみに責めないこと。度量が大きいこと。

友達のワールドに招待されたとき、クリーパーにおそわれて畑をめちゃくちゃにしてしまった。でも、友達は**寛大**な心で許してくれた。

親身

本当の家族のように細やかに心づかいすること。

家の作り方がわからなくて困っていたときに、友達が**親身**になって話を聞いてくれた。

寛容

人の失敗を責めたりせず許せること。人を受け入れられること。

四時にログインすると言ったのに二十分おくれてしまったが友達は**寛容**だった。

慈悲深い

いつくしんであわれむ気持ちが強い。同情する気持ちが強い。

マグマダイブで全てを失ったぼくに、みんなは武器や防具、食料を分けてくれた。なんて**慈悲深い**人たちなんだろう。

世話好き

人の面倒をよくみること。またはそういう人。

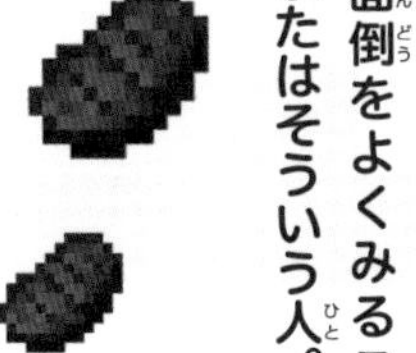

世話好きな兄は弟のために家を建て、チェストに装備や食料を一通りそろえてあげていた。

仏心

仏様のような心。慈悲の心。

飢える寸前だったが、フレンドが仏心を見せてくれたのか、ステーキを二つ分けてくれた。

心が広い

物事を大らかに受け止める様子。他人を厳しく責めない様子。

兄は心が広いので、家にあるアイテムは好き勝手に使っていいと言ってくれる。

情け深い

思いやりの気持ちが強い。

彼はモンスターにおそわれている友達を見つけるとすぐに助けに行く。見て見ぬふりができない、とても情け深い人なんだ。

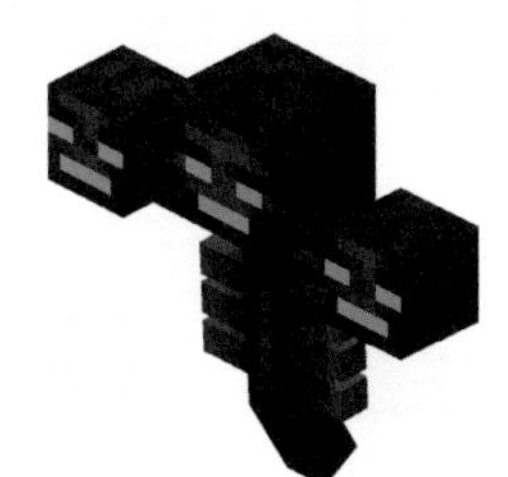

ことば攻略ポイント

「仏心」を使った四字熟語に「鬼面仏心」というのがある。鬼のようにこわく見えるけれど、心は仏のようにやさしいこと。またはそのような人を指すよ。「おじいちゃんはこわそうだけど、実は鬼面仏心なんだ」というように使う。

やわらかい

人の性質や考え方がやわらかいことを表すことばを集めたよ。

包容

包みこむこと。広い心で相手のことを受け入れること。

リーダーは包容力があってやさしく受け入れてくれるので、安心してなやみを相談できる。

たおやか

しっとりとやさしい様子。しなやかで美しい様子。

友達が使っていたスキンは、着物を着たたおやかな雰囲気のスキンだった。

ソフト

英語でやわらかいという意味。人に対して使う場合は、話し方やしぐさ、全体的な印象を指す。

最近お気に入りのマイクラ動画配信者は、語り口がソフトで素敵なんだ。

柔軟

考え方や性質がやわらかくしなやかで、物事に順応しやすい様子。

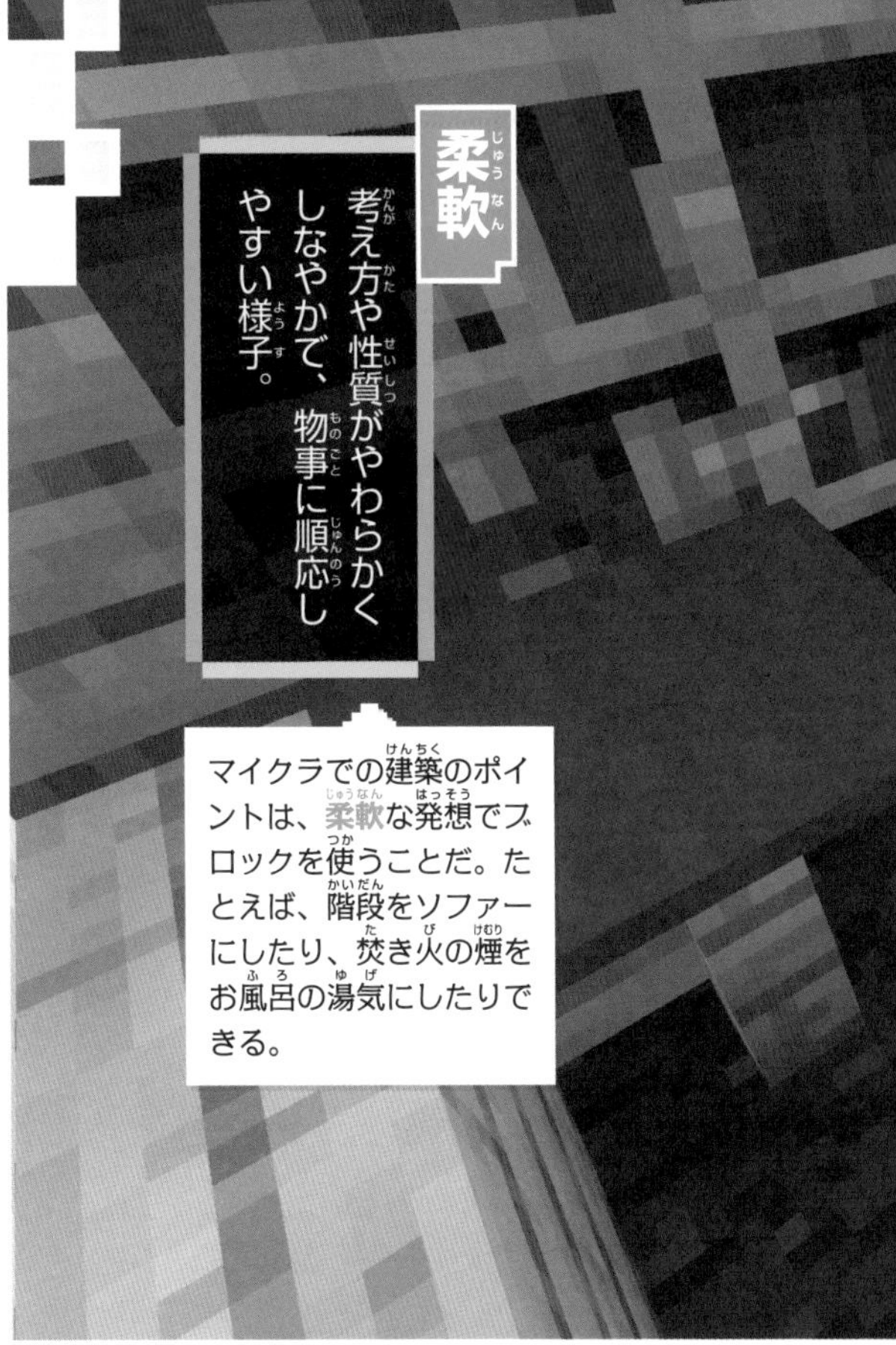

マイクラでの建築のポイントは、**柔軟**な発想でブロックを使うことだ。たとえば、階段をソファーにしたり、焚き火の煙をお風呂の湯気にしたりできる。

弾力的

その場の状況や事情に応じて適切な行動がとれること。

規則はあるけれど**弾力的**に考えて行動してほしい、とリーダーは言っていた。

機転が利く

物事に対して、すばやく適切な対処ができる。融通が利く。

家を作っていたら失敗したのでそれを生かしてまったく別の建物に変更した。我ながら**機転が利いていた**。

懐が深い

相手を受け入れる気持ちが広い。

リーダーは何度失敗しても許してくれる**懐が深い**人だ。

臨機応変

その場その時に合ったやり方をすること。

マイクラは夜になるとたくさんのモンスターがスポーンする。戦ったり、いったん引いたり、**臨機応変**に対応するのが生き延びるコツだ。

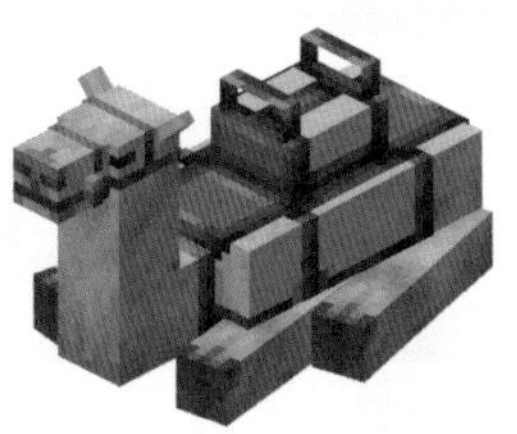

＋α のマイクラ攻略メモ

焚き火の煙は、固定した建築に動きをつけられる貴重なアイテム。煙はブロックも貫通するので、焚き火そのものをかくすことも可能なのだ。水の下に置けば煙が湯気に早変わりだ。

温かい

温度ではなくここでは人柄が温かいことを表すことばを集めたよ。

温厚

おだやかで落ちついているさま。人にやさしくて真面目な様子。

ミツバチは何もしなければ温厚なモブだが、巣を壊すと敵対化して一斉におそいかかってくる。

温和

落ちついていてやさしくおだやかな様子。

温和な性格の友達がめずらしくすごく怒っていた。時間をかけて作りこんできたワールドを、誰かに壊されてしまったらしい。

おだやか

何事もなく静かな様子。心がゆったりとして落ちついている様子。

夜になるとすぐにベッドで寝ているので、敵におそわれることもほとんどなく、おだやかなマイクラ生活が送れている。

柔和

ものやわらかな様子。攻撃的なところやとげとげしたところがなく、やさしい様子。

友達の笑顔は柔和で、一緒に遊ぶと自然と周りのみんなが幸せな気持ちになる。

和やか

気分がやわらいでいるさま。気持ちが打ち解けておだやかな様子。

村の鐘と不吉な角笛の音が鳴り響くと、和やかな村の雰囲気は一変し、村人たちは走って家に逃げこんだ。

気立てのいい

素直でやさしくて、人を気づかうことができる性格がいい。

彼女は気立てのいい人で、いつもみんなをサポートしてくれる。ぼくたちのワールドに入ってくれて、助かっているよ。

情が厚い

思いやりのある。人情がある。親切心が強い。

彼は情が厚いので、仲間を見捨てることはない。準備ができていない仲間にもアイテムを分けて、準備を手伝ってあげている。

冷たい

人の性質が冷たいことを表すことばだよ。

つっけんどん

態度やことばが荒っぽい様子。不親切。とげとげしい様子。

彼は昨日からつっけんどんな態度をとってくる。クリーパーの爆発に巻きこんだからだろうな。

つれない

心を動かされない。冷たい。思いやりがない。

ダイヤモンドを見つけたのがうれしくて兄に教えたが、つれない態度で「よかったね」と言うだけで興味がなさそうだった。

素っ気ない

思いやりがない。ことばや態度が冷たくて簡単な様子。人に対する温かさが感じられない。

オブザーバーの作り方がわからなくて兄に聞いたが、「自分で調べたら」と素っ気ない返事がきた。

木で鼻をくくる

愛想のない冷たい態度をとる。

友達のワールドに招待されたけど、木で鼻をくくったような態度でかるく案内されただけで、一緒に遊んではくれなかった。

袖にする

冷たい態度でじゃま者扱いする。ないがしろにする。

一緒にネザーに行く約束をしていたのに、彼は別の友達と冒険に出かけた。ぼくは袖にされた気分だった。

薄情

思いやりがないこと。人情の薄いこと。

彼はぼくがピンチのときに助けてくれなかった。なんて薄情なんだ。

冷淡

熱心でないこと。思いやりがなく不親切。

最近の兄は冷淡で、ぜんぜん一緒にマイクラをしてくれない。

ことば攻略ポイント

「木で鼻をくくる」は、昔、鼻水を木でこすって取っていた習慣から生まれたことば。木で鼻をこすると痛くて不愉快な顔になることから、愛想のない態度を表すようになった。えらそうで横柄な態度を表すことばではないので注意しよう。

さっぱり

人柄があっさりしていてしつこくないという意味の「さっぱり」。

ざっくばらん

気取っていないさま。かざらず素直。遠慮なく心をさらけ出しているさま。

有名クラフターにざっくばらんに何でも話してごらんと言われたけれど、緊張してほとんど話せなかった。

さばさば

さっぱりしていて、物事にあまりこだわらないさま。

弟の建てた家を見に行ったら、おどろくほどシンプルな形だった。さばさばした性格だから、デザインにこだわらず自由に楽しんでいるようだ。

かざらない

かっこうつけたり、見栄をはったりしないで自然体でいる様子。

友達の作る建築は、一見シンプル。しかしそこには、かざらない美しさやむだのない機能性が表現されている。

ストレート

真っ直ぐなこと。表現が率直なこと。

友達の家は、ネコ好きなことがストレートに表現されている。なんせ見た目がネコそのものだ。

淡々

あっさりしている様子。物事にこだわらない様子。

ダイヤモンドを見つけるために大切なのは、とにかく淡々と掘り続けることだ。

からっと

明るくさわやかな様子。物事にあまりこだわらない様子。

友達はからっとした人柄で、みんなに好かれている。ぼくが冒険でミスしたときも、ネチネチ言われなかった。

率直

ありのままであること。かざり気がなく正直であること。

率直に言って、クリエイティブモードでの冒険より、サバイバルのほうがスリルがあって楽しめる。

竹を割ったよう

裏表がなく、さっぱりしている様子。気立てが真っ直ぐな様子。

友達は竹を割ったような性格で、誰にでもはっきりと意見を言う。裏表がないから、ぼくたちのワールドでもみんなに信頼されているよ。

＋α のマイクラ攻略メモ

森の洋館には、大きなモブ像がある部屋が生成されることがある。村人、ネコ、ヒヨコなどの巨大な像だ。ないことも多いが建築の参考にもしやすいので、がんばって探してみよう。

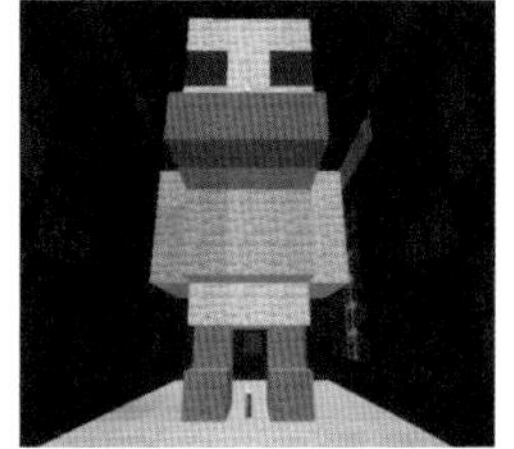

ていねい

「ていねい」とは注意深いこと、親切で礼儀正しいこと。

丹念

すみずみまで、または細かいところにまで配慮が行き届いている様子。

地下を丹念に掘り進めたが、ダイヤモンドを見つけることはできなかった。その代わりに、レッドストーンダストやラピスラズリを大量に手に入れた。

念入り

細かいところにまで気を配って、ていねいに物事を行うさま。

古代の残骸は、生成される数がとても少ない。念入りに掘っていかないと見つけられないぞ。

手厚い

物事の扱いや人への接し方が親切でていねい。

ぼくがゾンビにおそわれたとき、友達が手厚くサポートしてくれてうれしかった。

細やか

心がこもっていて、すみずみまで行き届いている。

彼の建築がすごいのは、細やかな工夫にあふれているところだ。機能性だけじゃなくて、装飾にも気をつかって建てられている。

折り目正しい

態度がきちんとしている。行儀がよい。

有名クラフターのイベントにぼくも参加することになり、折り目正しくふるまうように言われた。

丁重

礼儀正しいこと。特に人への接し方がていねいなことをいう。

友達がマルチプレイにさそってくれたが、予定があったので丁重に断った。今度はぼくからさそってみようと思う。

うやうやしい

相手に敬意を払って、礼儀正しくていねいに接する様子。

みんなの協力のおかげで、ピグリンに囲まれる大ピンチを脱することができたから、ぼくはうやうやしく頭を下げた。

のんき

「のんき」とは気が長くてのんびりしている様子をいうよ。

能天気

何事も深く考えていない様子。またはそういう人。

なんの準備もせず能天気に歩き回っていたら、あたりが暗くなり次々とモンスターがスポーンし始めた。せめて装備は整えておくべきだった。

のほほん

気楽な様子。気をつかわずのんびりした様子。

ぼくは戦いが苦手だ。だからクリエイティブモードで広い農場を作り、動物を繁殖させながらのほほんと遊んでいるよ。

気長

のんびりしている様子。あせらないでゆっくりと構えている様子。

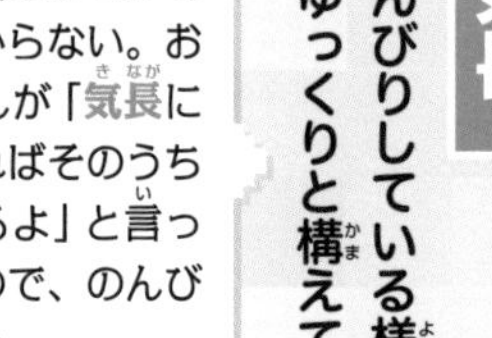

ネザー要塞がなかなか見つからない。お兄ちゃんが「気長に探してればそのうち見つかるよ」と言っていたので、のんびり探そう。

悠長

落ちついていて、気が長い様子。

油断してゾンビにやられてしまった。悠長にしている場合ではない。早くアイテムを取りに行かないと消えてしまう。

平凡

「平凡」はありふれていること、優れたところもなくふつうなこと。

十人並み

能力や才能や容姿が、人より優れてもいないし劣ってもいないこと。

ゾンビやスケルトン相手なら、十人並みに戦えるが、ヴェックスやファントムといった空を飛ぶ敵と戦うのは苦手なんだ。

人並み

一般の人と同じ程度であること。

凡庸

特に優れたところがなく、とりえがないこと。

ぼくのスキンは凡庸なデザインだけど、自分で一から作ったものだから気に入っている。

ありきたり

世間によくあること。ありふれていて、めずらしくないこと。

ありきたりな家がいやで、もう何度も作り直している。

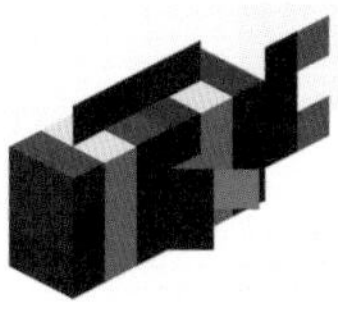

ぼくは人並みに建築や探検を楽しんでいるけど、特別すごいスキルは持っていない。建築のセンスがあったらいいんだけどなぁ。

真面目

地道

手がたく着実に物事を進める態度。地味で真面目な様子。

時間はかかったけど**地道**に整地してついに巨大な畑ができあがった。

誠実

うそがなく真面目なこと。真心がある様子。

ぼくはフレンドの**誠実**な人柄にひかれてよくマルチプレイをしている。

真っ直ぐ

かくしごとやうそがなく正直な様子。

いつも一緒にマルチプレイしている友達は、**真っ直ぐ**な性格の持ち主で、自分の考えをはっきり言ってくれる。

実直

誠実で正直なこと。浮ついたところがないこと。

弟は**実直**に鉱石を集めているから、ダイヤモンドやラピスラズリのストックが十分にある。ぼくはたまに分けてもらっているんだ。

堅実

確実でしっかりしていること。

生きるか死ぬかの冒険よりも、危険をおかさない堅実な冒険のほうが性に合っている。

律儀

約束や時間などをきっちり守る性格や行動。

ネザーで迷子になったときに助けてくれたからと、彼は律儀にお礼を言いに来てくれた。

義理堅い

人間関係の義理を大切にする様子。

友達はマルチプレイで一緒に遊んだ人には必ずお礼のメッセージを送っているらしい。義理堅い人だ。

几帳面

細かいところまできちんとしている様子。規則正しいことを好む性格。

弟は几帳面だ。チェストの中身はきれいに整理されているし、建築もブロックの種類をそろえてきっちり仕上げている。

不真面目

なまける

やるべきことをやらない。物事を一生懸命にやらない。働かない。

なまけて湧き潰しをしなかったせいで、家の中にクリーパーがスポーンした。しばらく家には近づけないな。

横着

なまけて楽をしようとすること。ずうずうしく、ずるいこと。

地下に行くために足元のブロックを掘っていたら、下に溶岩があってゲームオーバーになってしまった。横着せず、階段状に掘っていけばよかった。

物ぐさ

面倒がること。面倒なことをきらって楽をしようとすること。

物ぐさなぼくは、アイテムをバラバラにチェストにしまっていた。結局どこに何があるかわからなくなって、種類ごとにチェストを分けておけばよかったと後悔した。

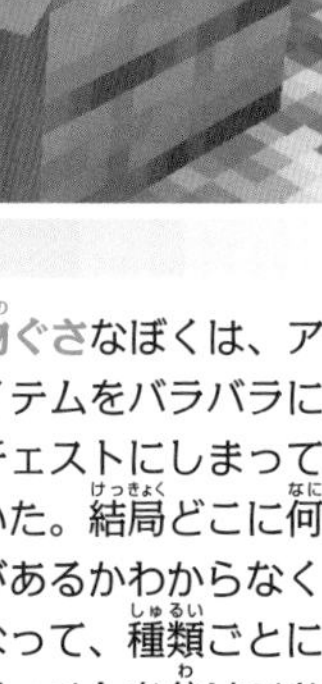

不精

面倒がること。特に体を動かすことを面倒がるときに使う。「無精」とも書く。

どうも不精なもので、実用的じゃないインテリアは作りたくならない。

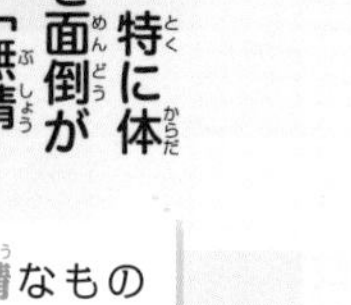

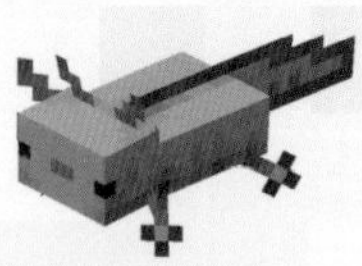

怠惰

なまけていてだらしないこと。またはその様子。

家の手伝いも宿題もしないで、一日中マイクラをしていた。**怠惰**な休日を過ごしてしまったと、反省した。

投げやり

物事をいいかげんに行うこと。大ざっぱで中途半端な様子。

マグマダイブですべてを失った彼は、**投げやり**になってワールドそのものを削除してしまった。

ちゃらんぽらん

いいかげんで無責任。その場限りであること。

彼は**ちゃらんぽらん**なように見えて、友達のことをしっかり気づかっている。ぼくがスケルトンに苦戦しているとき、いつも助けに来てくれるんだ。

だらける

たるんでいる。だらだらする。

宿題をせずに**だらけていた**ら、お父さんに怒られてマイクラを没収された。

＋α のマイクラ攻略メモ

以前は明るさ7以下だと敵がスポーンしたが、現在では真っ暗じゃないと出ないルールになったぞ。ただし日光下では明るさ7以下で湧いてくる。光源によって明るさがちがうので注意しておこう。

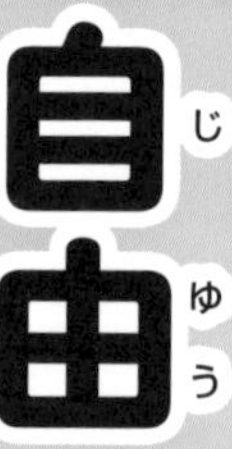

自由・勝手

「自由」は自分の思い通りにすること。「勝手」は都合のよいようにすること。

独りよがり

自分だけが正しいと考えて、人の意見や都合をきかないこと。

床をオークからアカシアの板材にはりかえたら、友達が怒ってしまった。**独りよがり**な考えで行動してはいけないと反省した。

気まま

遠慮や気がねをせず、自分の思う通りにすること。

弟はクリエイティブモードで**気まま**にブロックを置いたり壊したりして遊んでいる。

好き勝手

自分の思いのままにふるまうこと。他人に気をつかわず好きなように行動すること。

友達とのマルチプレイで**好き勝手**に動いていたら、リーダーに怒られた。

自由奔放

周りを気にしたりせず思いのままにふるまうこと。

マイクラのいいところは**自由奔放**にワールドを探検できるところだ。

わがまま

周りの意見や都合は関係なく、自分がしたいようにすること。

マルチではおとなしい妹だけど家の中ではわがままだ。

身勝手

人のことは考えず、自分の都合だけで決めたり行動したりすること。

友達は自分が家作りをしたいからと言って、ぼくに資材集めをさせる。ぼくも家を作りたいのに、本当に身勝手な人だ。

自己中心的

なんでも自分中心に考えて、他人を思いやらないこと。

いつも自分がしたいことだけをして、ぼくの意見を聞いてくれない自己中心的な友達がいる。彼からマルチプレイにさそわれたけど、気が乗らない。

型破り

常識や習慣にとらわれないこと。風変わり。

友達はいつも型破りな発想で建築するから尊敬する。

例文クラフト

下のコマを並べ替えて、文章をクラフトしてみよう!

すぎて	しまう	つかれて
一緒に	を	いとこと
自由奔放	すると	マイクラ

➡答えは308ページ

いいかげん

「いいかげん」とは適当に行ったり、やりとげず投げ出したりする様子をいうよ。

無頓着

物事をあまり気にかけず、平気な様子。

着るものに無頓着だったので、冒険中に手に入った防具を次々着て統一感のないコーディネートになってしまった。

おろそか

真面目に取り組まない。

遠くのバイオームを目指して冒険に出るなら、装備やアイテムの準備をおろそかにしてはいけない。

おざなり

その場限りのいいかげんなこと。

家の周りに松明を置いたままおざなりにしていたら、夜になってモンスターが湧いた。

杜撰

物事の進め方がいいかげんなこと。まちがいやミスが多いこと。

せっかく倉庫を作ったのに杜撰なアイテム管理のせいで、保管したはずのアイテムがどこにいったかわからなくなって困った。

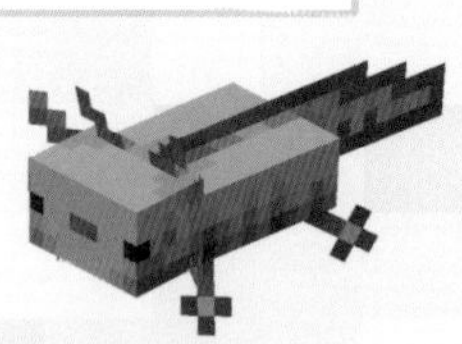

軽率

深く考えずに、物事を軽々しく行うこと。

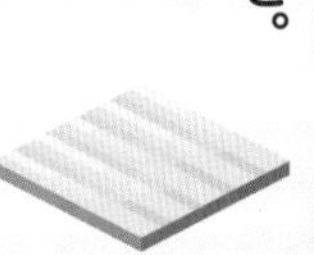

ピラミッドのお宝を手に入れようとして、軽率に床下に飛びこんだら、感圧板を踏んで罠にかかってしまった。

がさつ

落ちつきがなく荒っぽい様子。細かいところまで気配りができないさま。

きれいな畑を作ったのにがさつな友達がジャンプしてしまい、台無しになった。

大雑把

細かい点まで注意が行き届かず、雑な様子。

地図はレベルを上げすぎると、遠くはわかっても細かい場所は大雑把にしかわからなくなってしまうよ。

穴だらけ

手抜きが多く、いいかげんな様子。

拠点の発展計画を話し合ったが、畑に植えるものがなかったり、ベッドの数が足りなかったり、穴だらけの計画だった。

ことば攻略ポイント

「おざなり」を漢字で書くと「御座形」。御座敷（宴会）で形だけ取りつくろったふるまいをすることから生まれたことば。一方「なおざり」は何もせず放っておくという意味。いいかげんでも対応する「おざなり」とは使い方が異なるよ。

性格・特徴

せっかち

「せっかち」とは気が短くて、落ちつきがないという意味だよ。

せわしない

とてもいそがしい。落ちつきがない。気持ちがせかせかしている。

人口の多い村にやってきた。さまざまな職業の村人たちがせわしなく動き回っていて落ちつかない。

そそっかしい

落ちつきがなく注意が足りない。

そそっかしい性格なので、ついツルハシなどを確認しないで採掘に行ってしまう。

あわただしい

急いだりあわてたりして落ちつかない。物事をせき立てられること。変化が激しい。

サバイバルの初日は食料集めや仮拠点作り、ベッドの製作などあわただしく時間がすぎてゆく。

せかせか

落ちつきがなくせわしない様子。

すごく深い洞窟を見つけたので、早く探索に行きたくなりせかせかと荷物の準備をした。

うかつ

うっかりしていて、注意が足りない。

うかつにもドアを閉め忘れてしまい、夜になったらゾンビが家の中に入ってきてしまった。

気が早い

すぐに物事を進めようとする。

スニッファーの卵を見つけて、孵化場を作った。手に入る種のことを考えて気が早いが花壇も用意したぞ。

短気

すぐにいらいらしたり怒ったりすること。

要塞のピグリンは、チェストを開けただけで怒っておそってくるぞ。きっと短気な性格なんだろう。

あきっぽい

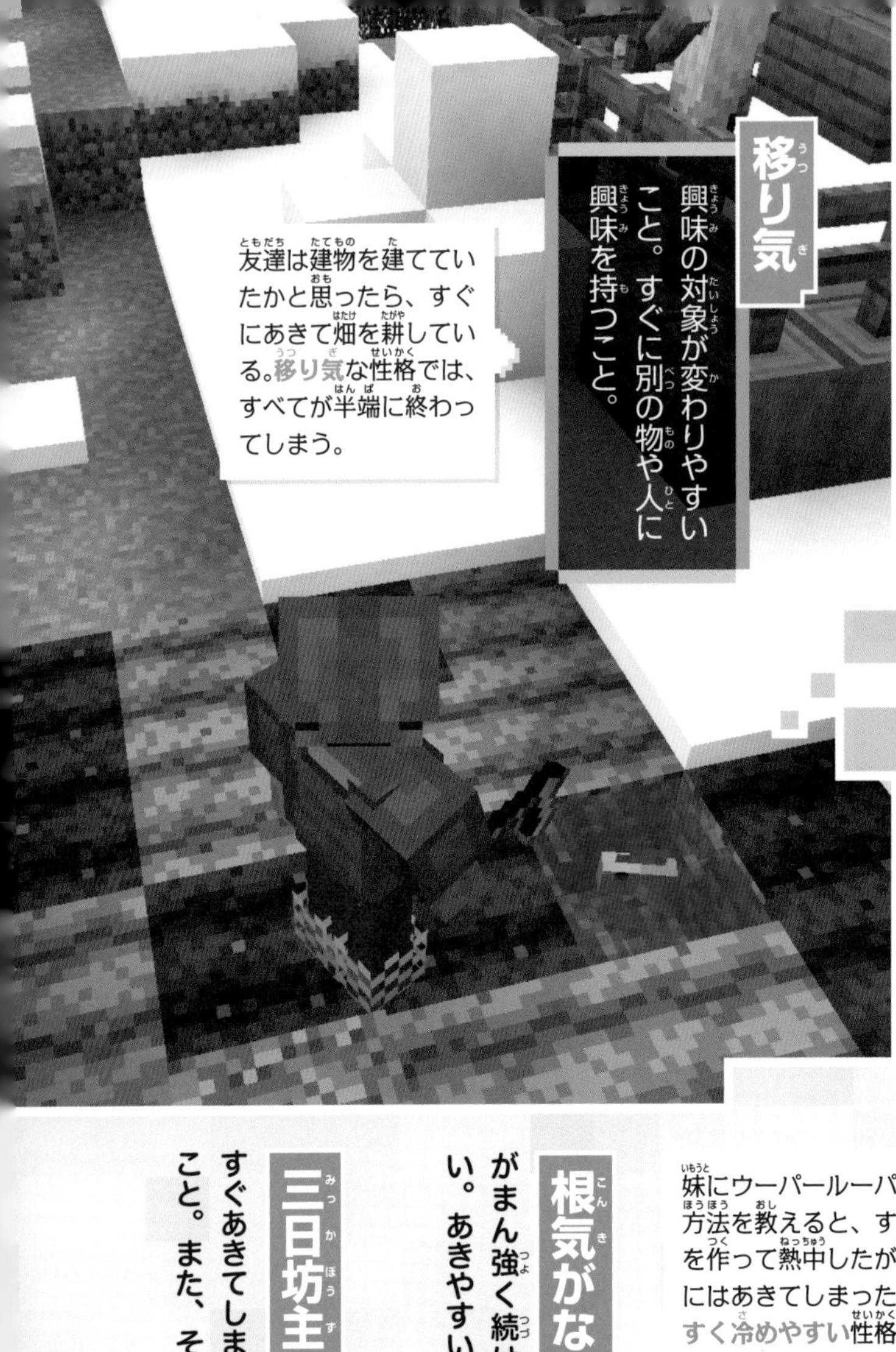

移り気

興味の対象が変わりやすいこと。すぐに別の物や人に興味を持つこと。

友達は建物を建てていたかと思ったら、すぐにあきて畑を耕している。**移り気**な性格では、すべてが半端に終わってしまう。

熱しやすく冷めやすい

すぐに何かに熱中するけれど、あきるのも早い。

妹にウーパールーパーの繁殖方法を教えると、すぐに水槽を作って熱中したが、次の日にはあきてしまった。**熱しやすく冷めやすい**性格だ。

気が多い

好きなものや興味のあることがいろいろと変わる。

父は**気が多い**。桜バイオームに行ったり砂漠に行ったり。最近はポーション作りに夢中だ。

根気がない

がまん強く続けることができない。あきやすい。長続きしない。

レアアイテム目指して釣りを始めたが、**根気がなく**てすぐあきらめた。

三日坊主

すぐあきてしまい、長続きしないこと。また、そういう人のこと。

広大な敷地が欲しくて毎日整地をしようと決めたのに、結局**三日坊主**で終わってしまった。

おもしろい

こっけい

ことばや身ぶりがおどけていておかしいこと。ばかばかしいこと。

初マルチで緊張して、戦闘で走り回るなどこっけいな姿を見せてしまった。

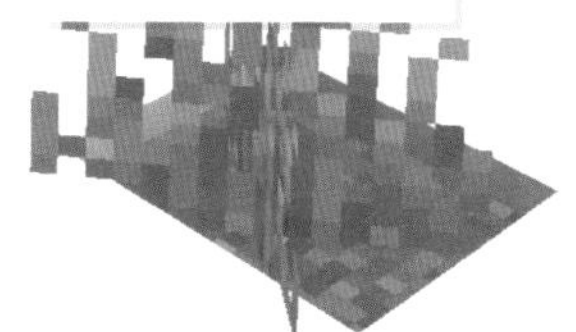

ユーモアのある

上品なおもしろさを感じさせる。

いつもユーモアのある友達は、マルチでもフレンドを笑わせている。

ひょうきん

おどけていておもしろい様子。

静かにマイクラしていたのに、友達がひょうきんな顔をするので笑ってしまった。

愉快

うれしいこと。気持ちよいこと。おもしろいこと。

兄は愉快な仲間たちとマイクラをしていた中学時代が最高に楽しかったとよく話をしている。

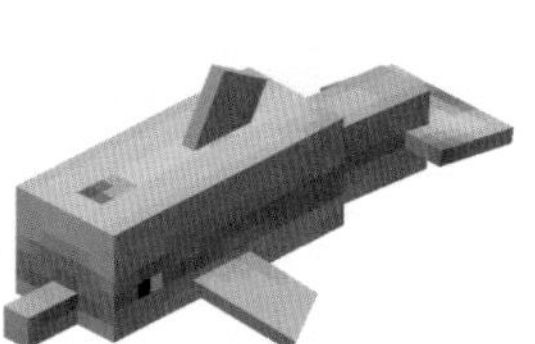

明るい

朗らか

心が晴れ晴れとして明るい様子。

牧草地バイオームでレナレインの音楽ディスクを聴いたら、晴れ渡った空に響いてとても朗らかな気持ちになった。

活発

いきいきとしている様子。元気で勢いがある様子。

毎朝、動物小屋の様子を見に行くことを日課にしている。活発に動き回るニワトリたちを見ると、こちらも元気になる。

おおらか

気持ちが大きく、ゆったりとしていること。

マルチプレイの約束の時間におくれたのに、友達はおおらかに「いいよ、いいよ」と言ってくれた。

陽気

人と接することが好きで明るい性格のこと。明るくにぎやかな様子。

ふだんはこわいピグリンだが、狩りの成功を祝うようなダンスを踊る様子はとても陽気に見える。

天真爛漫

清らかで無邪気な様子。明るく素直な性格。

アレイは**天真爛漫**に、ぼくの周りを飛び回っている。

社交的

人と積極的につき合うこと。人とのつき合い方が上手なこと。

初めての友達とマルチで遊ぶことになったので緊張していたが、とても**社交的**な人だったので楽しく遊べた。

愛想がよい

人によい感じを与えるさま。親しみやすくふるまう様子。

牛の好物である小麦を持っている間だけは、とても**愛想がよく**ついてまわる。

明朗快活

明るくいきいきとしている様子や性格。

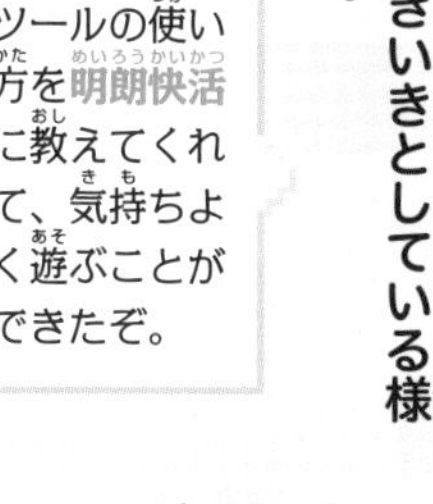

フレンドのワールドに参加した。独自ツールの使い方を**明朗快活**に教えてくれて、気持ちよく遊ぶことができたぞ。

＋α のマイクラ攻略メモ

ニワトリ、牛、羊、豚、ウサギは、餌となるアイテムを手に持っていると、ついて回る性質がある。これは誘導アイテムと呼ばれ、繁殖アイテムを兼ねているものが多い。

暗い

性格や特徴が暗いことを表すことばだよ。

無愛想

人に対してそっけなく、感じがよくないこと。

どの村人も一切表情を変えないから、**無愛想**な感じがする。

陰気

暗くて無表情な性格や様子。

古代都市は地下にあるし、モブもいないからとても**陰気**だ。

かげがある

暗い雰囲気を含んでいる。

ヒカリイカは神秘的だし、なんとなく**かげがある**感じがして好きだ。

憂いのある

切なくなやましい感じがする。

彼女がなんだか**憂いのある**表情をしていたので、マイクラで遊ぼうと、声をかけた。

陰々滅々

暗くて沈んでいる気分。ものさびしい雰囲気。

冒険のとちゅう家が見えたので村を見つけたと喜んだが、生きた村人の姿はなく**陰々滅々**とした空気が漂う廃村だった。

厳しい

性質が厳しい様子を表すことばを集めたよ。

容赦ない

手加減したり事情をくんだりしない。

ネザー要塞の探索中にブレイズトラップを見つけたが、**容赦ない**火の玉攻撃にあい退却した。

度量がせまい

他人に対する思いやりの気持ちがない。心がせまい。自分とちがうことを受け入れない。

あの二人はいつもマルチ中に言い争っている。どっちも**度量がせまい**から相手を認めないんだな。

厳格

厳しい様子。なまけたり規則を破ったりすることを許さない様子。

マルチサーバーを始めた。**厳格**なルールを作ろう。

非情

思いやりの感情を持たないこと。冷酷なこと。

愛馬に乗っていたら平原の穴に落ちてしまい、モンスターまで湧いてきた。**非情**だと思ったけれど、愛馬を捨てて逃げることにした。

シビア

厳しいこと。深刻なこと。非常に過酷なこと。

難易度をハードにすると、戦闘はとても**シビア**になる。

固い

性質がしっかりしていてがんことという意味のことばだよ。

かたくな

意地をはって自分の考えや意見を曲げない。

池にたまった水を消そうと砂を敷き詰めていた友達に、スポンジを使ったほうがいいと助言したが、彼は**かたくな**に使わなかった。

頭が固い

考えにやわらかさがない。自分の考えを曲げない。

どうも**頭が固い**のか、奇抜な回路が思いつかない。

杓子定規

一定の基準からはみ出さず、融通の利かない様子。

建築は**杓子定規**に作るよりも、奇抜なデザインにしたほうが見栄えがする。

融通が利かない

考えや行動が固定されていて柔軟性がない。

野生の馬を手なずけようと何度も乗ってみたが、一向に懐かなかった。すぐに乗りこなせるスケルトンホースとちがい、ふつうの馬は**融通が利かない**。

偏屈

ひねくれていること。素直でないこと。

マルチなのに人づき合いをさけていたら、偏屈な変わり者だと思われた。

強情

一度決めたら変えないこと。自分の考えや意見を押し通そうとすること。

夜もおそいし、マイクラをやめて寝ようとぼくは言った。強情な弟はまだ寝ないと言ってさわいでいる。

頑固

自分の態度や意見を変えないこと。人の意見や考えを取り入れられないこと。

PVPではぼくが勝ったのに、頑固な妹は負けを最後まで認めなかった。

意固地

かたくなに意地をはっていること。つまらないことを主張し続けること。

初心者のフレンドに資材をあげようとしたが、意固地に拒否された。

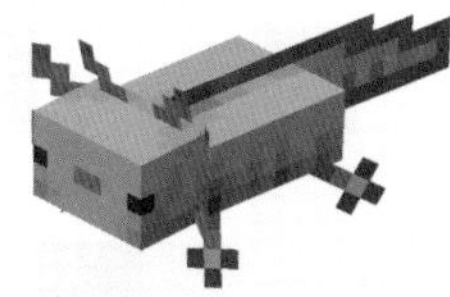

ことば攻略ポイント

「杓子定規」の「杓子」は汁などをよそう調理道具のこと。昔、杓子の柄は曲がっていたけれど、それにもかかわらず柄を定規がわりにしたことから、「まちがった基準に当てはめる」「融通が利かない」という意味で使うようになったんだ。

いばる

「いばる」は強そうにみせつけたり、えらそうにしたりすること。

のさばる

勝手気ままに行動する。我がもの顔にふるまう。

ネザーはピグリンの世界だ。大量のピグリンがのさばっているぞ。

思い上がる

実際以上に自分が優れていると思って、いい気になる。

もうエンダードラゴンも余裕で倒せる気がするが、思い上がりだろうか。

鼻にかける

得意げになる。じまんげな態度をとる。

マイクラ歴の長いフレンドは、それを鼻にかけていてちょっと見苦しい。

高飛車

上から威圧するような態度をとること。相手を見下すこと。

いくらお金持ちでマイクラも上手だからといって、あんな高飛車な態度をとるのはよくないと思う。

横柄

人をまったく気にかけない、えらそうな態度をとること。

みんなで協力してブロックを集めてもらっていたのに、それが当然と思いこみつい**横柄**な態度をとって怒らせてしまった。

高慢

容姿や能力など、自分が優れているとうぬぼれている様子。

友達の中でいちばんダイヤを持っている彼は、言えば分けてくれるが、**高慢**な態度ががまんならない。

おごり高ぶる

えらそうにふるまう。他人を見下してうぬぼれる。

ひとりでエリトラを見つけてきたとは言っても、ちょっと**おごり高ぶっている**ように思う。

傍若無人

周りの人のことを気にせずに、勝手気ままにふるまうこと。

せっかくみんなで楽しくマルチをしていたのに、ひとりが**傍若無人**なふるまいをしたために、いやな雰囲気になった。

ことば攻略ポイント

昔から日本で親しまれている将棋。将棋から生まれたことばはたくさんあるよ。「高飛車」もそのひとつで、「飛車」という駒を自分の陣地の前に出す強気な戦い方のこと。そこから威圧的な態度をいうようになったんだ。

ずうずうしい

「ずうずうしい」とは人の迷惑を考えないで平気でする様子。

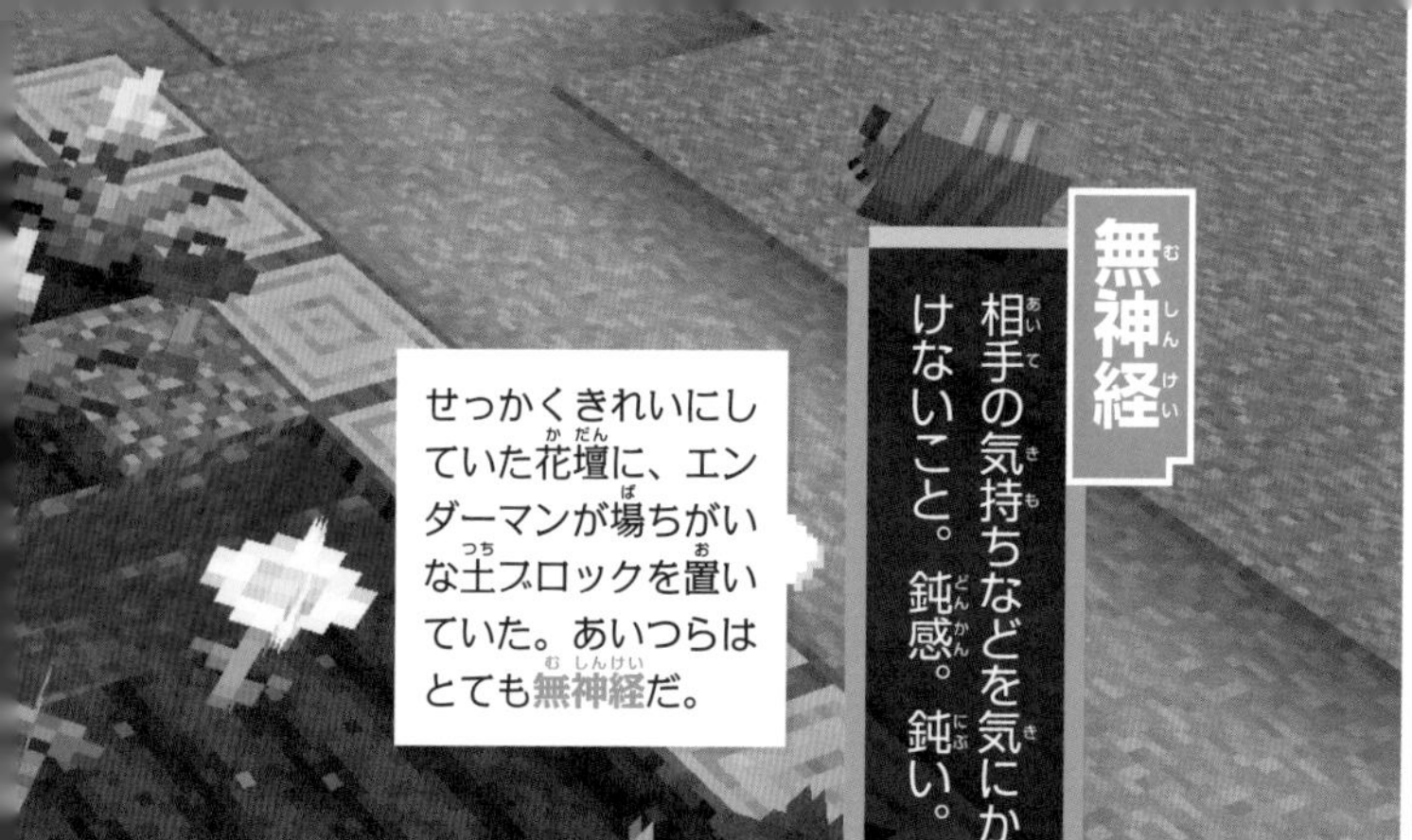

無神経

相手の気持ちなどを気にかけないこと。鈍感。鈍い。

せっかくきれいにしていた花壇に、エンダーマンが場ちがいな土ブロックを置いていた。あいつらはとても**無神経**だ。

厚かましい

はじ知らずで人に遠慮しない。

食料を忘れてしまった。**厚かましい**お願いだと思ったが、パンやステーキを仲間に分けてもらった。

図太い

大胆でいつも平然としている。ちょっとやそっとのことでびくびくしない。

行商人は家の中へでも遠慮なく入ってくるので、相当に**図太い**神経をしているのだろう。

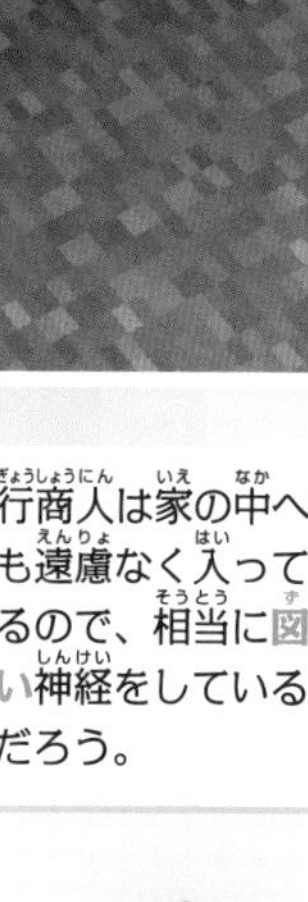

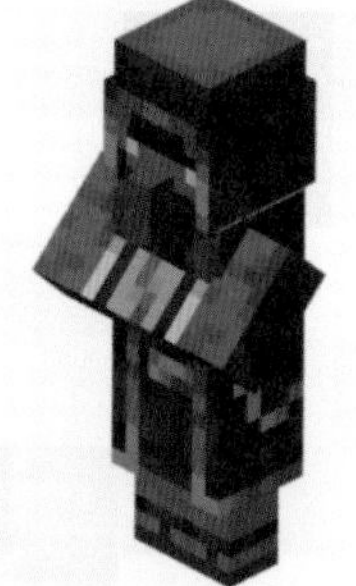

ふてぶてしい

憎たらしいほど、ずうずうしい。平然としていて、悪びれるところがない。

足場の上で作業中に友達がふざけて足場を崩し、落下して作業できなくなってしまった。注意したが彼は**ふてぶてしい**態度をとった。

厚顔無恥

周囲の迷惑を考えないで、思うがままに行動する様子。厚かましい。

文句ばかり言って疎遠になっていた友達だったが、クリーパーに家が爆破されたと言って、**厚顔無恥**にも助けを求めてきた。

面の皮が厚い

はじ知らずでずうずうしい。悪びれたりはずかしがったりせず堂々としている。

木材や食料を借りて返さない彼は、本当に**面の皮が厚い**やつだ。

ぬけぬけ

はじるべきことを堂々とする様子。

マルチで遊んでいるワールドで、共有の倉庫が壊された。証拠もあるのに、犯人は**ぬけぬけ**と無実を主張した。

しゃあしゃあ

憎らしいほど平然としている。厚かましい。「いけ」をつけて「いけしゃあしゃあ」とすると意味が強まる。

モンスターと戦闘中に、仲間の放った矢に撃たれてしまった。文句を言ったが、お前が悪いと**いけしゃあしゃあ**と言われた。

ことば攻略ポイント

「しゃあしゃあ」のような繰り返しことばは、心情や状態を表すことができる。ずうずうしいという意味を含むものには「ずけずけ」「のこのこ」もあるよ。うまく使うと自分の気持ちを表現しやすくなるんだ。

強い①

力や程度の強さではなく人の性質の強さを表すことばを集めたよ。

気丈

心がしっかりしている様子。弱音を吐いたりせず、気持ちを強く保つこと。

とつぜんの雷雨で家の屋根に雷が落ちて焼けてしまったのに彼女は**気丈**にふるまっていた。

根気強い

物事をねばり強くあきらめずに行う様子。

素材集めや整地が大変で何度もあきらめようと思ったが、**根気強く**取り組み、ついに立派なお屋敷が完成した。

鼻っ柱が強い

自分に自信があり、人の言いなりにならない。負けたくない気持ちが強い。

リーダーに注意されても言い返すほど、彼女は**鼻っ柱が強い**。

勝ち気

人に負けたくないという気の強さ。負けん気。

彼がいつもマルチ対戦で活躍するのは、努力もさることながら元来の**勝ち気**な性格のおかげもある。

骨がある

精神的な強さを持っている。しっかりしていて粘り強い。

何度倒されてもめげずにエンダードラゴンに立ち向かう弟は、骨がある。

したたか

強くて手ごわい様子。しぶといさま。

腰の低そうなフレンドだが、したたかにいつも他のプレイヤーに資源をねだっている。

こわいもの知らず

自信に満ちていて、何事にも恐れない様子。

こわいもの知らずの弟が高所から飛び降りたので、妹は叫び声を上げていた。

勇ましい

危険や困難を恐れない。勇敢である。

襲撃者の前哨基地を見つけたので、角笛の音を響かせながら勇ましく戦おうと突撃した。

強い②

頑強

強くしっかりしている様子。ねばり強くてなかなか屈しないこと。

打たれ強いと評判のフレンドは、ゾンビに倒されてもめげずにリスポーンし、頑強さを示している。

たくましい

しっかりした意志があって多少のことではくじけない。

木が一本も生えていない孤島で暮らすことにした彼女。別の島に泳いで渡って木を手に入れたりと、暮らしぶりはとてもたくましい。

勇敢

勇気があり、危険や困難を恐れないこと。

ウーパールーパーはとても勇敢で、ガーディアンにも果敢に立ち向かう。

パワフル

力強い。勢いがある。強力。

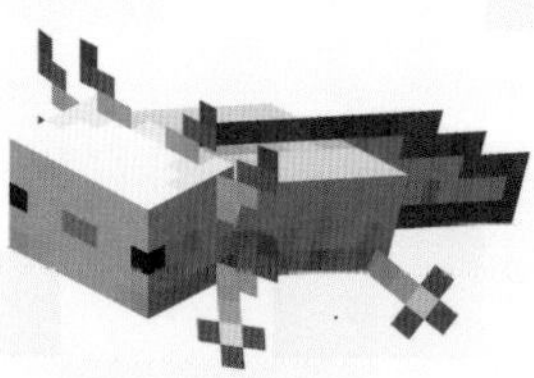

母はいつもパワフルに仕事と家事をこなし、息抜きにマイクラまでしている。

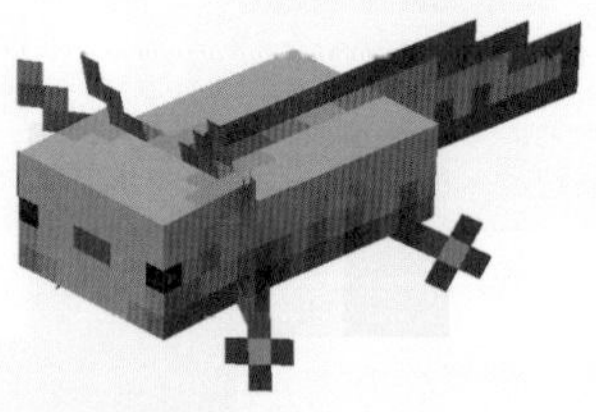

質実剛健

真面目でかざり気がなく、心身がたくましいこと。強くたくましいこと。

質実剛健な彼はチームのまとめ役になっている。

猛者

能力が人並み外れて優れている人。気力があり勇敢な人。

クラス委員の友達は、PVPで誰も敵わないほどの猛者だ。

屈強

力強いこと。

ウォーデンの屈強さを侮ってはいけない。

大胆不敵

度胸があって、何事にも恐れないこと。

防具なしでエンダードラゴンを倒した大胆不敵な人がいるらしい。

ことば攻略ポイント

強さを表すことわざ、「鬼に金棒」もよく使うので覚えておきたい。もともと強いが、何かを加えることでさらに強くなることを意味する。「ゲームのテクニックがあるきみがアイテムも手に入れたら、鬼に金棒だ」などと使うよ。

弱い

人の性質が弱い様子を表すことばだよ。

華奢

姿や形が弱々しい様子。ほっそりしていて上品な様子。

見た目は細い骨だけの華奢な体でも、弓を持ったスケルトンは恐るべきモンスターだ。

ひ弱

いかにも弱々しい様子。体が弱い。

スノーゴーレムはとてもひ弱で攻撃力はほぼゼロだ。

非力

権力や勢力がないこと。力が弱いこと。

さすがにネザーに行くのに木の剣では非力すぎる。

貧弱

見おとりがしてみすぼらしいこと。

この貧弱な装備では、地下に降りるのは危険だろう。

気弱

気が弱いこと。勇気がない様子。

ダイヤ装備で固めたのに、ネザー探検をためらうのは**気弱**すぎるかな。

軟弱

弱々しくて自分の意志がなく、人の言いなりになる様子。やわらかくてしっかりしていないこと。

本当はネザーに行きたかったのに、**軟弱**なぼくはみんなに合わせてジ・エンドに来てしまった。

か細い

いかにも細くて弱々しい。

エンダーマンの見た目は**か細い**が実は強靭な体力をほこっている。

虚弱

力や勢いがないこと。体が弱くて病気になりやすいこと。

顔色が悪く虚弱そうに見えるハスクがあんなに強いなんて知らなかった。

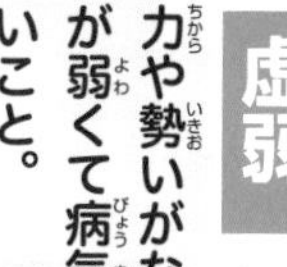

＋α のマイクラ攻略メモ

スケルトンなどが放ってくる矢は盾ではね返せる。防げる。タイミングよく盾操作してみよう。実は矢だけではなく、ブレイズやガストのはく火の玉などのミサイル武器もはね返せるぞ。

積極的

自発的

自分から働きかけたり、積極的に行ったりする様子。

弟には何の指示もしてないのに、自発的にレッドストーン回路を作っていた。

前向き

物事に対して積極的なこと。否定しないで肯定的に物事をとらえること。

フレンドにジ・エンド探検を提案されたので、前向きに検討したい。

意欲的

積極的に物事に取り組む姿勢。本気で物事を成しとげようとする姿勢。

マイクラを始めたばかりの友達は、建築にとても意欲的だ。

活動的

元気よく動く様子。活発。行動が盛んでいきいきとしている様子。

夜になると敵モブが活動的になる。

ポジティブ

物事をよいほうにとらえる態度。楽観的。積極的。肯定的。

開始早々倒されたが、気落ちせずポジティブにやり直そう。

向上心

今より高いところを目指して努力する気持ち。

向上心のある彼は、家を作るたびに細かい装飾や材料の使い方を覚えて上手になっていった。

押しが強い

自分の意見を押しつける。自分の思い通りに物事を運ぼうとする。

友達みんなで建築をしようと意見を出し合ったが、結局**押しが強い**彼女の意見が通った。

アクティブ

自分から進んで行動したり、働きかけたりするさま。活動的。行動的。積極的。

アクティブな性格のフレンドは、毎日でもマルチプレイをしたがる。

消極的

慎ましい

遠慮深く、行いや態度が控え目。

静かな暮らしをしたかったので、大海原に浮かぶ孤島を探し小さな畑のついた小屋を建てて**慎ましい**生活を始めた。

内気

人前でははずかしがり屋で、はきはきしない様子。引っこみじあん。

ふだんは**内気**なクラスメイトだが、マルチだと突如リーダーシップを発揮する。

おとなしい

おだやかでさわいだりしない。人に対して逆らわずに従う。目立たず落ちついている。

アイアンゴーレムは**おとなしそう**な顔だが、一度敵対すると容赦ない。

控え目

遠慮がちで出しゃばらないこと。目立たないようにすること。

フレンドはベテランだが、**控え目**な性格なのかあまり意見しない。

謙虚

つつましく、控え目。えらそうにしないさま。

いつも謙虚なフレンドだが、マイクラ歴三年になるベテランだぞ。

遠慮がち

ことばや行動が控え目。

荒れ地バイオームを発見。テラコッタを採取しようと思ったが景観を壊すのがもったいなくて、遠慮がちに少しだけ削った。

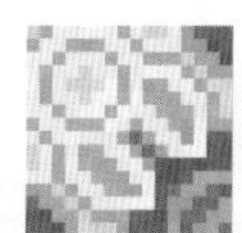

しおらしい

控え目で、いじらしい。おとなしくてかわいい。

マルチで調子に乗った弟は、友達に注意され、とたんにしおらしくなった。

腰が低い

人に対して控え目でいばったりしない。ていねいでへりくだっている。

ぼくよりマイクラ歴の長いフレンドは腰が低くて、いつも「ありがとうございます」と先に言ってくる。

＋α のマイクラ攻略メモ

マイクラの「なんだかわからないアイテム」の筆頭がテラコッタだろう。イタリア語の「焼いた土」が語源で、日本語だと、赤茶色の素焼きを意味するよ。なんとなくもろそうだが、実は石と同程度の爆発耐性があるぞ。

かっこいい

センスがいい

物事に対して感性が優れている。人から好まれる表現ができる。

友達の作る家は、とてもセンスがいい。単に家の形をしているだけではなく、使いやすいように工夫されているんだ。

端正

動作や容姿がきちんとして整っていること。美しいこと。

友達が「村人って、よく見ると端正な顔立ちをしているよ」と言っていた。ぼくはそう思わないけどな。

様になる

ふさわしくなる。かっこうがつく。似合う。

少し前にマイクラを始めた弟も、冒険する姿がようやく様になってきた。

見栄えがする

人や物の見た感じがよい。優れていて目立つ。

友達の家はカラフルなブロックをたくさん使っていて見栄えがする。

洗練された

磨きをかけてよりよいものになっている。あかぬけている。

彼の作るレッドストーン装置が大好きだ。見た目がかっこいいだけでなく、回路が洗練されているからだ。

かわいい

かわいさを表すことばには「愛」の字がつくものが多いよ。

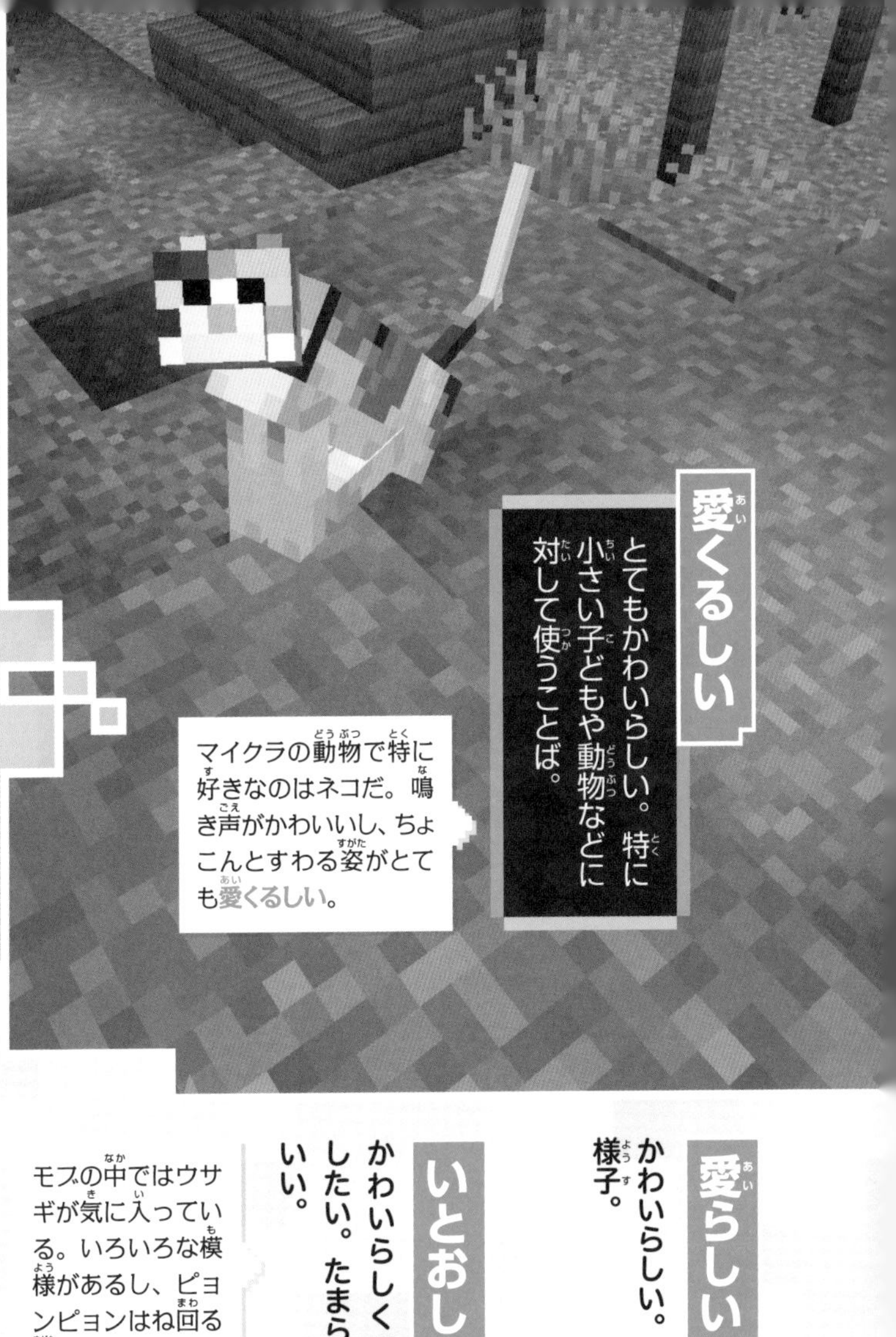

愛くるしい

とてもかわいらしい。特に小さい子どもや動物などに対して使うことば。

マイクラの動物で特に好きなのはネコだ。鳴き声がかわいいし、ちょこんとすわる姿がとても**愛くるしい**。

愛らしい

かわいらしい。愛すべき様子。

パンダの子どもはとてもかわいい。見た目がキュートなのはもちろん、たまにするくしゃみがすごく**愛らしい**んだ。

いとおしい

かわいらしくて大事にしたい。たまらなくかわいい。

モブの中ではウサギが気に入っている。いろいろな模様があるし、ピョンピョンはね回る姿も**いとおしい**。

愛嬌がある

にこにこしている。愛らしくて無邪気である。

エンダーマンと目を合わせてはいけない。**愛嬌がある**表情が一変して凶暴になり、おそいかかってくるからだ。

きれい・美しい

器量よし

顔が美しいこと。美人。

懐かせたネコは、マイクラ界でもいちばんの器量よしだ。

華やか

きらびやかで美しい様子。

友達の作る城はいつも華やかだ。

あでやか

華やかで美しい様子。潤いがあってつやつやと美しい様子。

真っ赤に染めた革の防具に身を包んだ彼女は、まるでバラの花のようにあでやかだった。

垢ぬけた

都会的で洗練された。動作や容姿がすっきりとおしゃれな雰囲気になっている。

鍛冶型を使って防具を染めて、垢ぬけた感じにしてみたい。

清廉潔白

心が清らかで、うそややましいところがないこと。

友達で集まってマルチ対戦したが、みんな清廉潔白な人ばかりで、ルール違反もなく楽しく遊べた。

清楚

清らかですっきりしている様子。かざり気がなくすっきりしている様子。

クオーツブロックの白い色は、教会や噴水の建材として使うと簡単に清楚な雰囲気を演出できる。

しゃれた

さっぱりして好感が持てる。おしゃれな。

マルチでとてもしゃれたカフェ建築を見せてもらい、ちょっとおどろいた。

端麗

姿や形が整っていて美しいこと。

友達のお姉さんは容姿端麗で、運動神経も抜群でマイクラもできる。いわゆるパーフェクトなんだ。

＋α のマイクラ攻略メモ

ネコはなんと11種もの見た目が用意されている。ただし、パンダのように性格差があるわけではない。ベッドが5個以上あり、ネコが4匹以下の村なら1分に1回スポーンするぞ。

純粋

「純粋」とは欲がなくて、心が清らかで真っ直ぐなこと。

ピュア

まじりけがない。けがれのない。

ピュアな性格をしている友達は、単純なトラップチェストの罠に何度も引っかかってしまう。

清らか

澄みきっていて美しい様子。けがれたり汚れたりしていないさま。

いとこはとても清らかな心の持ち主で、困ったプレイヤーには手を差しのべている。

素朴

かざったところがなく自然であること。単純であること。

マイクラの食べ物は焼いただけの調理方法が多い。実際に食べたら、きっと素朴な味がするだろう。

純真

心にけがれがないこと。やましいところがないこと。

生まれて間もないカメの赤ちゃんの純真なかわいさに、ぼくはメロメロになった。

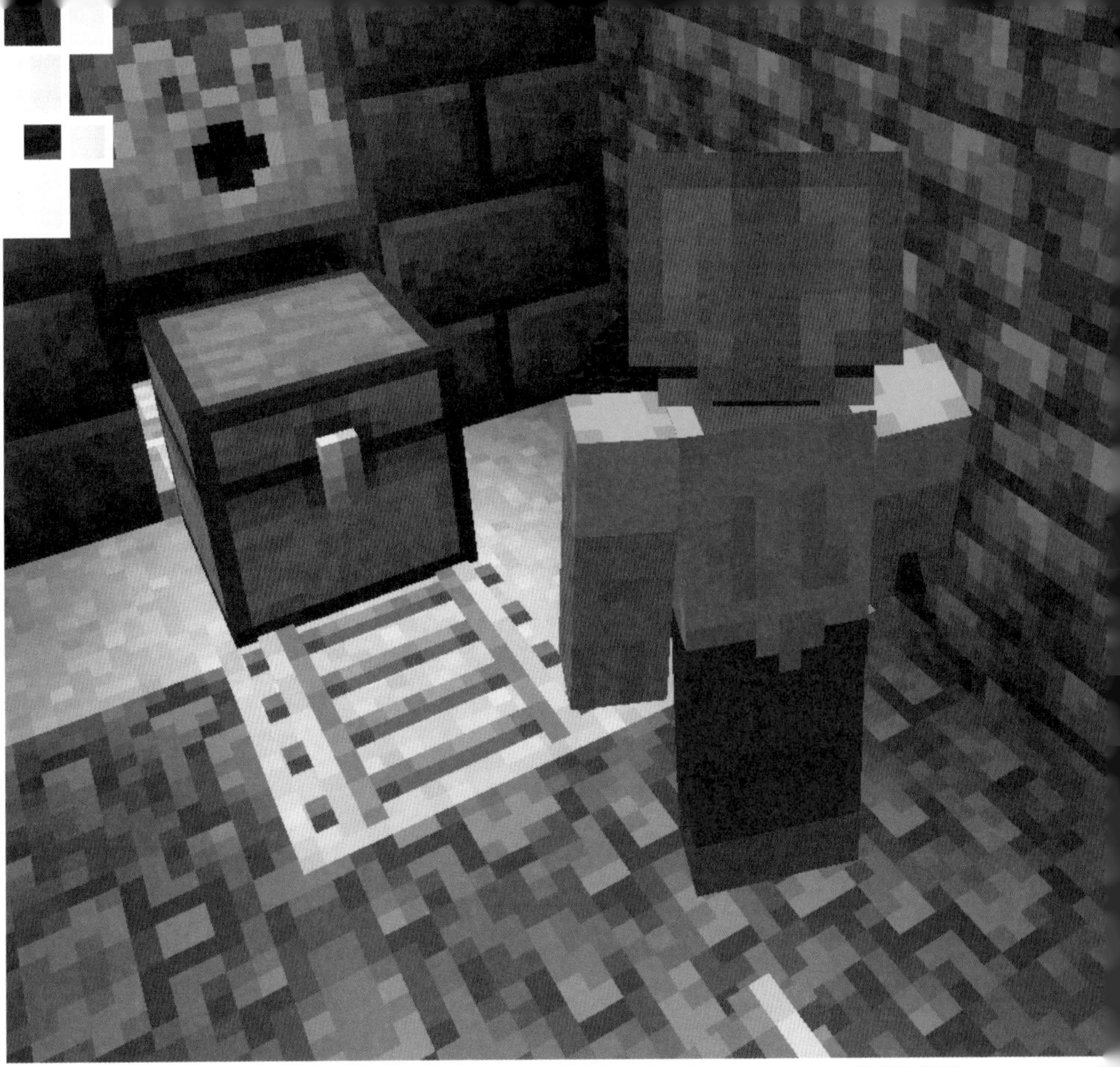

あどけない

幼くてかわいらしい様子。

マイクラの牛も馬も羊も、みんなあどけない顔立ちだ。

無邪気

素直なこと。うそがなくてかわいらしいこと。

無垢

けがれがないこと。混じりけがないこと。

子どもの村人はやはり無邪気で、日中はだいたい走り回っている。

清純

純真で混じりけがない様子。世の中に染まっていない様子。

彼女の作ったスキンは清純でかわいいと大人気だ。

上品

「上品」とはその人の様子が優れていて、感じが好ましいこと。

高貴

身分が高くて貴いこと。家柄がいいこと。人柄に品があること。

アレイは妖精らしいが、どことなく高貴な雰囲気もある。

しとやか

やわらかい雰囲気で上品。落ちついていて物静かな様子。

清楚なスキンにすると、不思議としとやかな気持ちになってことばづかいもていねいになる。

気高い

上品な様子。身分が高い。

そのオオカミは気高く、一匹だけで行動している。

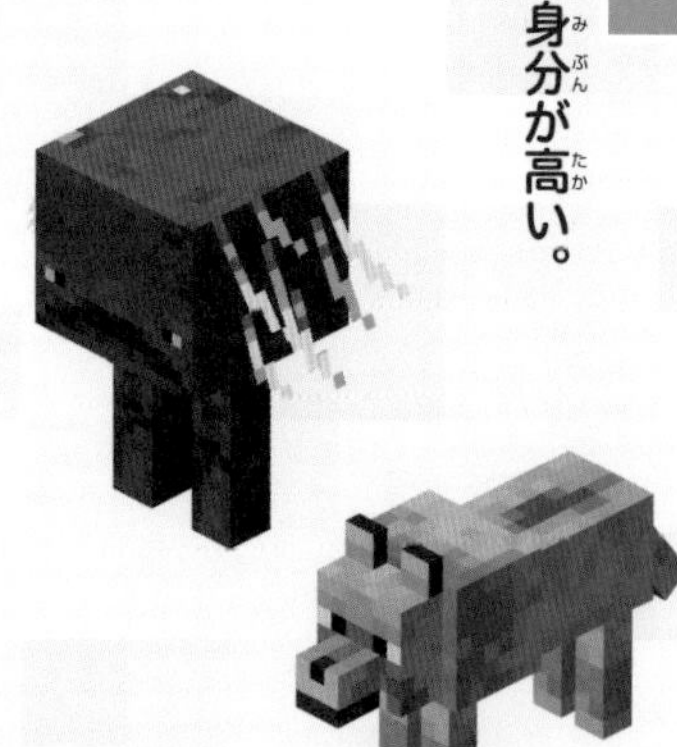

エレガント

落ちついていて品があること。上品で優雅なこと。

長年バレエをやっていた彼女は、マイクラでエレガントなバレエスタジオを建築した。

下品

「下品」とは品がなくて、ことばづかいや態度が悪いこと。

浅ましい

ずるくて卑しい。見苦しい。

誰かが作ったであろう地下坑道でチェストを探るのは、どうも浅ましい気がしてしまう。

はしたない

下品である。行儀が悪い。

倒された仲間の装備をもらうなんて、はしたないよ。

卑しい

下品である。がつがつしている。身分などが低い。

食料のことで兄弟げんかをするなんて卑しいと、父にしかられた。

粗野

下品である。荒々しい。荒っぽい。

彼は粗野で野蛮な言動が多く、マルチプレイではきらわれている。

野蛮

文明、文化、教養などがおくれていること、身についていないこと。乱暴である。

ピグリンはすぐ攻撃をしかけてくる野蛮なモブだ。

かっこ悪い

みすぼらしい

見た目が貧弱である。貧しそうに見える。やつれていて見苦しい。

廃村の建物は、クモの巣がはっていたりひび割れた石が使われていたり、屋根が欠けていたりしてみすぼらしく見える。

無様

見苦しいこと。かっこうが悪いこと。「不様」とも書く。

準備なしで地下都市に行った。無様にも一瞬でウォーデンに倒された。

見てくれの悪い

外見がよくない。

建築センスがないようで、どうにも見てくれの悪い家しか作れない。

野暮

融通が利かないこと。わからずやなこと。人の気持ちに鈍感なこと。洗練されていないこと。

初心者の建築にどうこう言うのは、野暮というものだ。

不格好

かっこうが悪いこと。みっともないこと。

鍛冶型で装備を飾ったが、どうにも不格好だ。

3 動作や思考を表すことば

作る

作るものによっても、言い方が変わるよ。

仕立てる

こしらえる。特に布をぬって衣服を作り上げる。

鍛冶型を使って、ぼくは新しい防具を仕立てた。

生み出す

今までなかった物、新しい物を作り出す。

建築物を生み出すのは、とても大変だ。

作製

道具を使って品物や機械などを作ること。

みんなで作製したマイクラのポスターを教室にかざった。

築き上げる

土や石などを積み上げて建物などを作り上げる。

建物をたくさん建築し、ついにひとつの街を築き上げた。

加工

原材料に手を加えて、工夫して新しい物を作ること。

マイクラでは小麦とカカオ豆を加工するとクッキーが作れる。

生産

人々の生活に必要な物を作り出すこと。

ぼくはマイクラで、ジャガイモやニンジンを生産している。

制作

映画、音楽、絵などの芸術作品を作ること。

創造

他とはちがう新しい物を初めて作り出すこと。

将来、マイクラがテーマの映画を制作してみたいな。

見たこともないようなレッドストーン装置を創造した。

ことば攻略ポイント

「作製」「制作」の他にも作ることを表すことばがあるよ。「製作」は物をこしらえることで、「作製」とほぼ同じ意味だ。また「作成」は文書や計画を作り上げること、「製造」は材料に手を加えて品物にすることだよ。

使う

利用

役立つように使うこと。

冒険中に滝を見つけた。その水流を利用して、山を登った。

使いこなす

思いのままに、自由自在に使う。

エリトラは高速移動できるが、操作が難しいので使いこなすのは苦労する。

消費

お金、エネルギー、時間などを使うこと。

レールをたくさん作ったので鉄を大量に消費した。

応用

知識などを、実際の問題に当てはめて使うこと。

レッドストーン回路を使ったプログラミングの応用問題にチャレンジする。

駆使

人や能力、物などを自由自在に使いこなすこと。

足場を駆使して、森に背の高い拠点を建築した。

使い古す

古くなるまで長い間使い続ける。

兄の使い古されたコントローラーは多くのキズがついている。

流用

決められた目的以外にお金や物を回して使うこと。

酷使

人や物を荒っぽくあつかうこと。こき使うこと。

彼の建築は、他の人のアイデアをそのまま流用ましている。

一日中穴掘りで酷使したダイヤモンドのツルハシは、もうボロボロだ。

キーワード 採掘

「使う」の仲間のことばを鉱石のマスにあてはめて、文章を完成させよう！

新アイテムを

完ぺきに

には

時間が必要だ

➡答えは308ページ

取る

吸収

吸い取ること。知識などを自分のものにすること。

海底神殿で見つけたスポンジは、周辺一帯の水を**吸収**する。

収穫

育てた農作物や、努力した成果を手に入れること。

畑に植えたじゃがいもとニンジンがそろそろ**収穫**できそうだ。

獲得

努力したり、苦労したりして自分のものにすること。

ついに襲撃イベントで全ての撃退に成功し、村の英雄の称号を**獲得**したぞ。

摂取

食べ物や栄養などを体の中に取り入れること。

ステータスが毒になってしまったのでハチミツを**摂取**した。

うばう

横取り

他人のものを横からうばい取ること。

村に畑を作って小麦を実らせたけれど、村人に**横取り**されてしまった。

奪回

相手にうばわれたものを取りもどすこと。

私が落とした金のヘルメットをゾンビが装備していた。どうにか**奪回**したい。

没収

むりやり取り上げること。取り上げて持たせないこと。

マイクラで遊ぶ時間制限を守らなかったので、母にゲーム機を**没収**された。

略奪

暴力などで、むりやりに物をうばい取ること。

略奪者はその名の通り、集団で村を**略奪**しにくるぞ。

わたす

わたすものによって言い方が変わるよ。

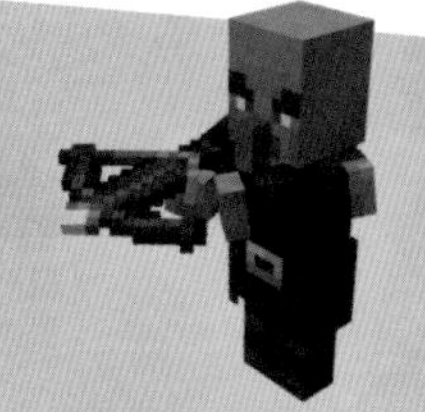

譲る

自分の持っている物や権利などを他の人にわたしたり、売ったりする。

たくさんのダイヤモンドを持っているので、友達に**譲って**あげた。

預ける

自分のお金や物などを、人にたのんで保管してもらう。

チェストにアイテムを**預け**れば、倒されてもアイテムを失うことはない。

おすそ分け

他からもらった物の一部を、さらに誰かに分けてあげること。

桜の苗木ブロックがたくさん手に入ったから、友達に**おすそ分け**しようと思う。

給付

お金や物などを必要な人にわたすこと。

被災者に国から**給付**金が支払われることになった。

手放す

持っていた物を手から放す。自分の物を他人にわたす。

父は、使わなくなったマイクラ用のスマホを**手放す**ことにした。

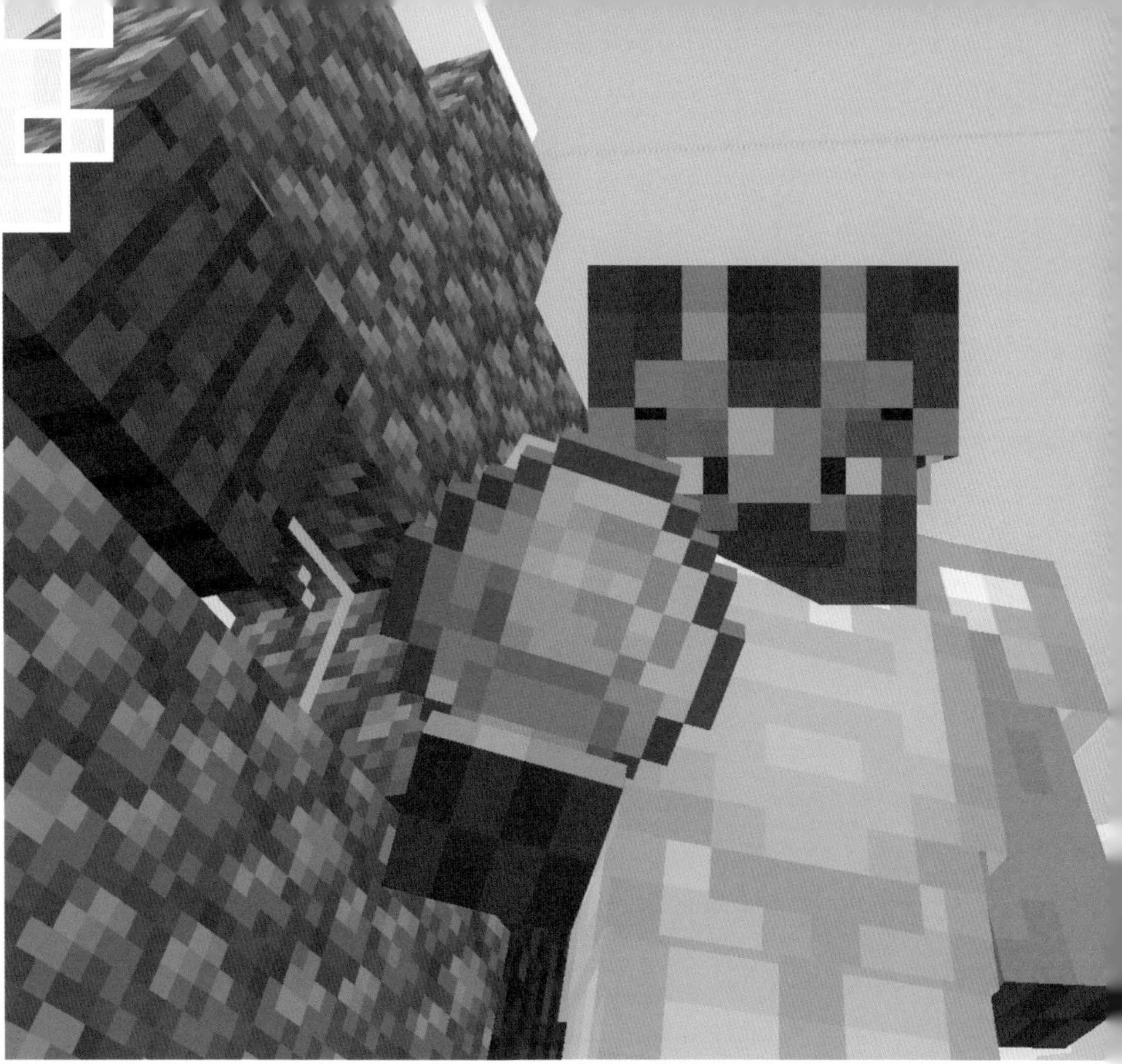

明けわたす

今まで住んでいた家や土地を出て、他の人にわたす。

ぼくは建築したおしゃれな家を弟に**明けわたした**。

譲渡

物や権利などを別の人にわたすこと。

新しくマルチに入ってきた友達に、ダイヤのツルハシを**譲渡**した。

提供

物やサービスなどを相手に与えること。

新しいマイクラの動画コンテンツが一週間無料で**提供**される。

ことば攻略ポイント

物を配ることを「はいふする」というが、「はいふ」には「配付」と「配布」、ふたとおりの漢字がある。その違いは配る範囲。「配付」は決まった範囲の人、一人ひとりに配るとき、「配布」は多くの人に広く行きわたらせるときに使うよ。

かくす

潜める

人に気づかれないように、そっとかくす。

ウォーデンに見つからないように、そっと身を潜めた。

忍ばせる

かくし持つ。気づかれないようにする。

非常用にステーキを一個、エンダーチェストに忍ばせている。

おくびにも出さない

秘密にして、それらしい様子を見せない。

兄はマイクラでの失敗をおくびにも出さず、家族の前ではずっと笑顔だった。

かくまう

追われている人などをこっそりかくしておく。

敵モブにおそわれないよう、家の中にアレイをかくまっている。

隠蔽

都合の悪いことを人に知られないようにかくすこと。

友達の家を壊してしまった。きちんと直したので、隠蔽できたと信じたい。

臭いものに蓋をする

都合の悪いことを一時しのぎでかくす。

彼は自分でミスしておいて臭いものに蓋をしようとするが、すぐにばれてしまう。

もみ消す

都合の悪いことを、なかったことにする。

弟はフレンドの家をTNTで爆破したことをもみ消そうとした。

内々

表に出さず、物事をこっそり行うこと。

大人数マルチで建築中だが、友達数人とは内々に次の計画を立てている。

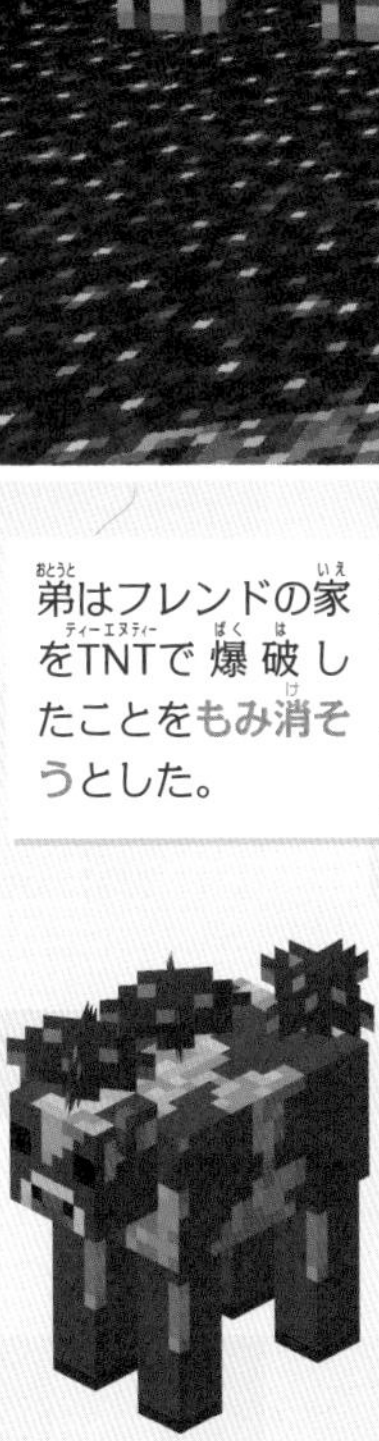

来る

到着

人や物が目的の場所に着くこと。

ついにジ・エンドにつながる地下要塞に到着した。

訪れる

人のところや目的の場所へ行く。またはそこへやってくる。

お花見のシーズンだから、フレンドと桜バイオームを訪れた。

到来

よいタイミングがやってくること。他からおくり物が届くこと。

待ちに待った夏休みが到来し、兄弟でマイクラ三昧の日々を送っている。

おし寄せる

多くの人や物などが勢いよく近づいてくる。

クラフターのイベントにファンがわっとおし寄せた。

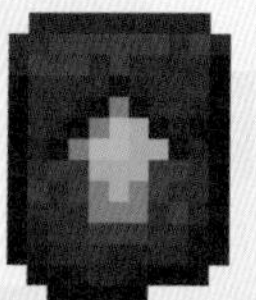

伝来

外国から伝わってくること。受けついで伝えること。

漢字は中国から日本に**伝来**したものだ。

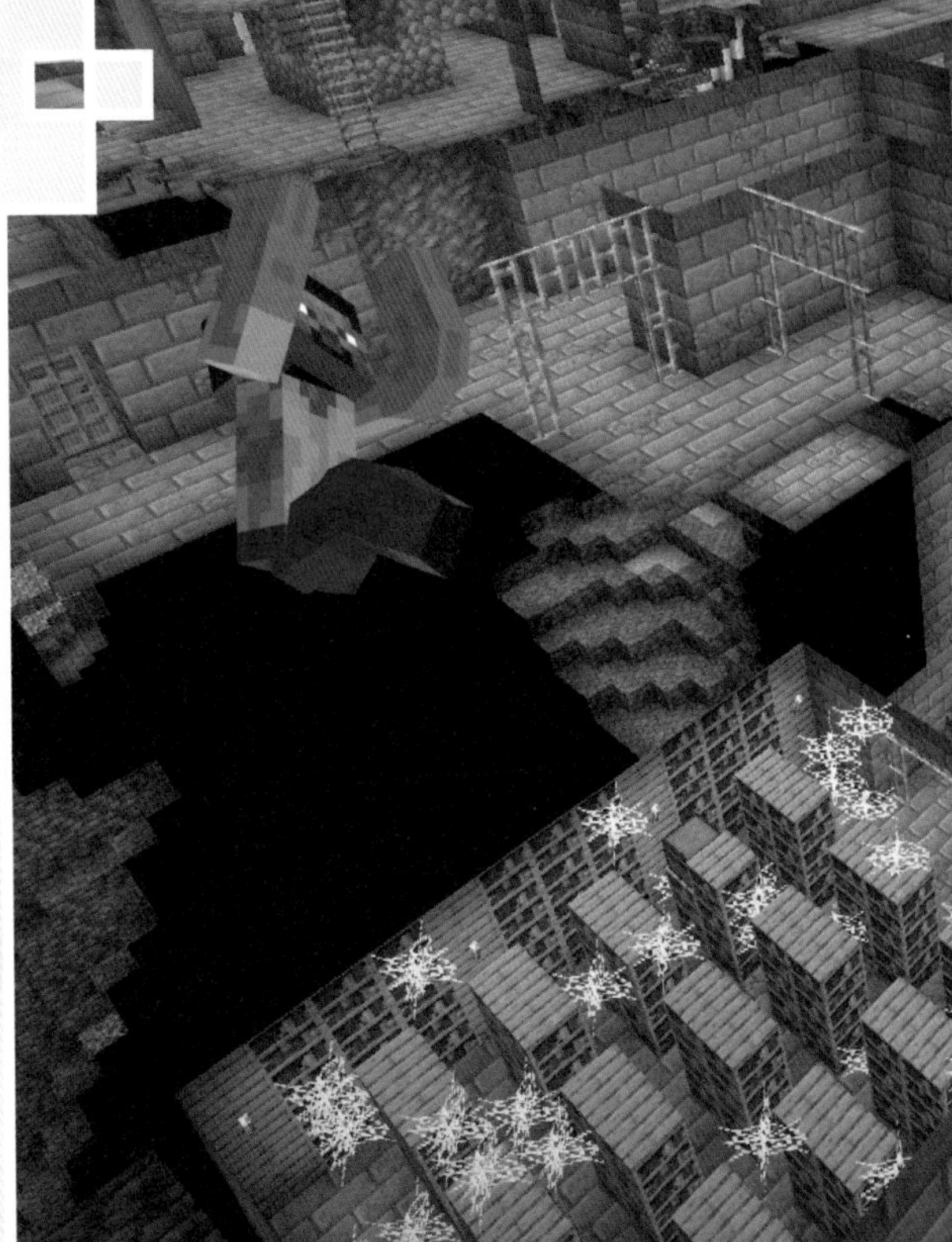

襲来

敵や天災などが、激しい勢いでおそいかかってくること。

襲撃者が村に**襲来**してきたぞ。村人を守らないと！

来訪

自分のところに相手がやってくること。

有名なマイクラ動画配信者が学校に**来訪**するということを聞き、おどろきをかくせない。

千客万来

たくさんの客がとぎれることなくやってくること。

今日はぼくが作ったお店に村人がたくさんやってくる。**千客万来**だ。

例文クラフト

下のコマを並べ替えて文章をクラフトしてみよう！

訪れた	を	ひと目
に	竹林	見たくて
バイオーム	初めて	パンダ

➡答えは308ページ

行く

直行

どこにも立ち寄らずに、まっすぐ目的の場所に行くこと。

ダイヤ装備ができあがったので、ジ・エンド**直行**にしよう。

足を運ぶ

ある目的のためにわざわざ訪ねていく。

日曜の朝、姉とデパートのマイクライベントに**足を運んだ**。

出向く

自分のほうからある場所へ出かけていく。

ここでしか手に入らないブレイズロッドのために、ネザーに**出向いた**。

赴く

ある場所に向かう。出かける。

お正月は、いとこの家に**赴いて**、一緒にマイクラをした。

足を延ばす

来たついでに、さらに遠くまで行く。

桜バイオームに来たついでに、近くにある村まで足を延ばした。

たどる

すでにある道にそって、目的の場所へ進む。

松明をたどると、採掘をしている友達がいた。

足に任せる

行き先を決めず、気の向くまま歩く。歩けるだけ進む。

今回の冒険はあえて計画を立てず、足に任せて探索しようと思う。

流浪

決まった場所に住まないで、あてもなくあちこちへ移動すること。

家や拠点を建設せず、流浪するライフスタイルにこだわっている。

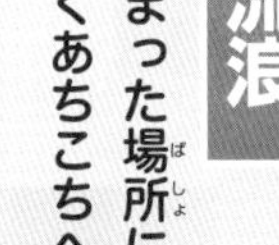

＋α のマイクラ攻略メモ

地下探検は地形が似通うので、どうしても迷いがち。迷子対策として、松明はかならず右側につけるとよい。こうしておけば、帰るときは松明を左に見れば帰り道とわかるというわけだ。

動作・思考

進む

進み方によってさまざまな表現があるよ。

突進

わきめもふらず、激しくつき進むこと。

ホグリンは、プレイヤーを見つけると突進してくるので、気をつけよう。

前進

前へ進むこと。よい方向へ進むこと。

姉は城を建てたいという夢に向かって前進し続けている。

発展

物事がよい方向へ広がり進んでいくこと。

マルチで町づくり。多くの建築物を作って、発展させたい。

進化

物事がよりよい状態に変化すること。生物が周りの環境に合うように変化すること。

技術の進化によって、軽くて持ち運びやすいゲーム機が生まれた。

邁進

目標に向かって、ただひたすらつき進むこと。

チームのみんなで目標に向かって邁進している。

直進

まっすぐ進むこと。

この村から北に100ブロックほど直進すると、次の村がある。

進捗

物事の進み具合。物事がはかどること。

夏休みにマイクラをしすぎて、宿題の進捗がおくれている。

目指す

目当て、目標にする。

いつかはレッドストーン作りで動画配信もできる達人を目指したい。

＋α のマイクラ攻略メモ

ホグリンはそこそこ強い上に、攻撃ははね上げノックバックが起こることも。溶岩の多いネザーだと、むしろそのほうがプレイヤーの致命傷になりやすい。また、敵のくせになぜかリードをつけられるぞ。

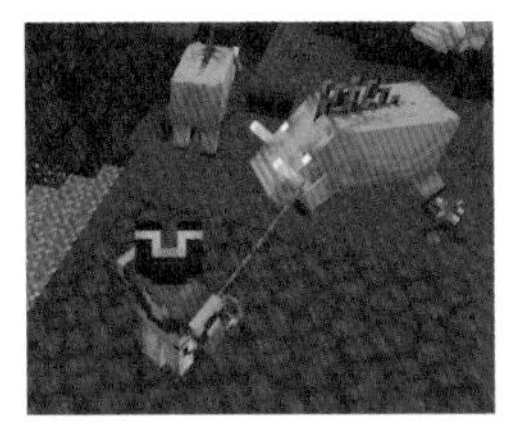

入れる・入る

導入

他から仕組みなどをとり入れること。

影MODを導入した。すると、世界が一変したような景色が目の前に広がった。

介入

関係のない人が、争いやもめごとに割りこむこと。

マルチでのトラブルに、ぼくの兄が介入して、問題を解決してくれた。

注入

水など流れるものを注いで入れること。

マグマ製造器を作るため、ガラスの囲いの中にマグマを注入した。

潜りこむ

こっそりと中に入りこむ。正しくない方法で中に入りこむ。

いつ行っても扉が閉まっている村人の家に潜りこんでみた。

盛りこむ

いろいろな物を一緒に入れこむ。

アップデートで大量の新要素が盛りこまれる予定だ。

収容

人や物を引き取って、ある場所に入れること。

整地で出た石をとりあえずチェストに収容した。

侵入

よその家や国などに無理に入りこむこと。「進入」はある場所に入っていくこと。

たとえ友達であっても、断りもなく家に**侵入**してはいけない。

分け入る

かき分けて中に入る。

ジャングルバイオームを見つけ**分け入って**すぐ、ジャングルの寺院を見つけた。

ことば攻略ポイント

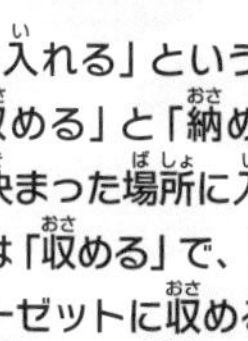

「物を入れる」という意味の「収める」と「納める」。物を決まった場所に入れるときは「収める」で、「服をクローゼットに収める」などと使うよ。「納める」は「月謝を納める」など、金品を入れるときに使うことが多いんだ。

出る

登場

役者などが舞台に現れること。新しいものなどが現れること。

マイクラに新しく登場したモブはアルマジロだ。

突出

高く、するどく突き出ること。突きやぶって出てくること。

北にある山の、山頂部分は氷が突出している。

ほとばしる

水などが勢いよく飛び散る。

スイカにかぶりつくと、ほとばしる果汁が、口いっぱいに広がった。

出現

見えなかったものやかくれていたものが姿を見せること。

ここのところ寝ていなかったので、上空にファントムが**出現**した。

露出

かくれていた物が外に出ること。かくさずに出すこと。

海を泳いでいたら、**露出**したアメジストジオードを発見した。

湧き出る

液体などが地中からたくさん出てくる。

溶岩湖からは無限にマグマが**湧き出ている**。

流出

液体などが外へ流れ出ること。内側のものが外側に出てしまうこと。

マグマが**流出**してしまい、ぼくの家は燃えてなくなってしまった。

躍り出る

急に勢いよく登場する。

アレイが、好きなマイクラモブランキングの1位に**躍り出た**。

「出る」の仲間のことばを鉱石のマスにあてはめて、文章を完成させよう!

こ	の	道	は			
山	腹	か	ら	マ	グ	マ
が	□	□	し	て	い	て
と	て	も	危	険	だ	

➡答えは308ページ

逃げる

切り抜ける

困ったことや敵などから、やっと逃れる。力をつくしてぬけ出る。

地下でゾンビの群れに出あったが、なんとか**切り抜けられた**。

免れる

悪いことなどから、うまく逃れる。出あわないですむ。

台風の進路が変わり、大きな被害を**免れた**。

回避

悪いことや危険などをうまく避けること。

すんでのところでエンダードラゴンのドラゴンブレスを**回避**した。

蜘蛛の子を散らすよう

たくさんいたものが、あっという間に逃げていなくなる様子。

かくれんぼが始まると**蜘蛛の子を散らすよう**にかくれ始めた。

脱走

つかまっている場所などから、逃げ出すこと。

クリーパーによって柵が壊された。すると中で育てていた羊や豚が**脱走**してしまった。

退散

その場から逃げ去ること。

ネザーに行ったものの、ゲートが砦の目の前にできてしまったので、早々に**退散**した。

逃避

やらなくてはいけないことを避けて、逃れること。

亡命

安全や自由を手に入れるため、別の国へ逃れること。

その国の大統領は逃げ出して他国に亡命した。

兄は明日までに提出する課題から逃避して、マイクラばかりしている。

ことば攻略ポイント

「逃げる」にはマイナスなイメージがあるけれど、「逃げるが勝ち」ということわざもあるよ。争わずに相手から逃げたほうがかえって得になるという意味。強い相手とのけんかは「逃げるが勝ち」かもしれないね。

逆らう

やり返す

相手に何かされたあと、自分も同じようなことを相手に対してする。

スケルトンに死角から攻撃されたので、正面からやり返した。

突っかかる

争いをしかける。くってかかる。

突っかかったのは、リーダーに理不尽な要求ばかりされたからだ。

抗う

従わないで抵抗する。

ガストに抗って火の玉を打ち返した。

背く

裏切る。逆らう。

兄の言いつけには背くことになるけど、ひとりで海底探検に向かってしまおう。

抵抗

逆らうこと。受け入れないこと。

略奪隊は手ごわいが、アイアンゴーレムと力を合わせて抵抗するつもりだ。

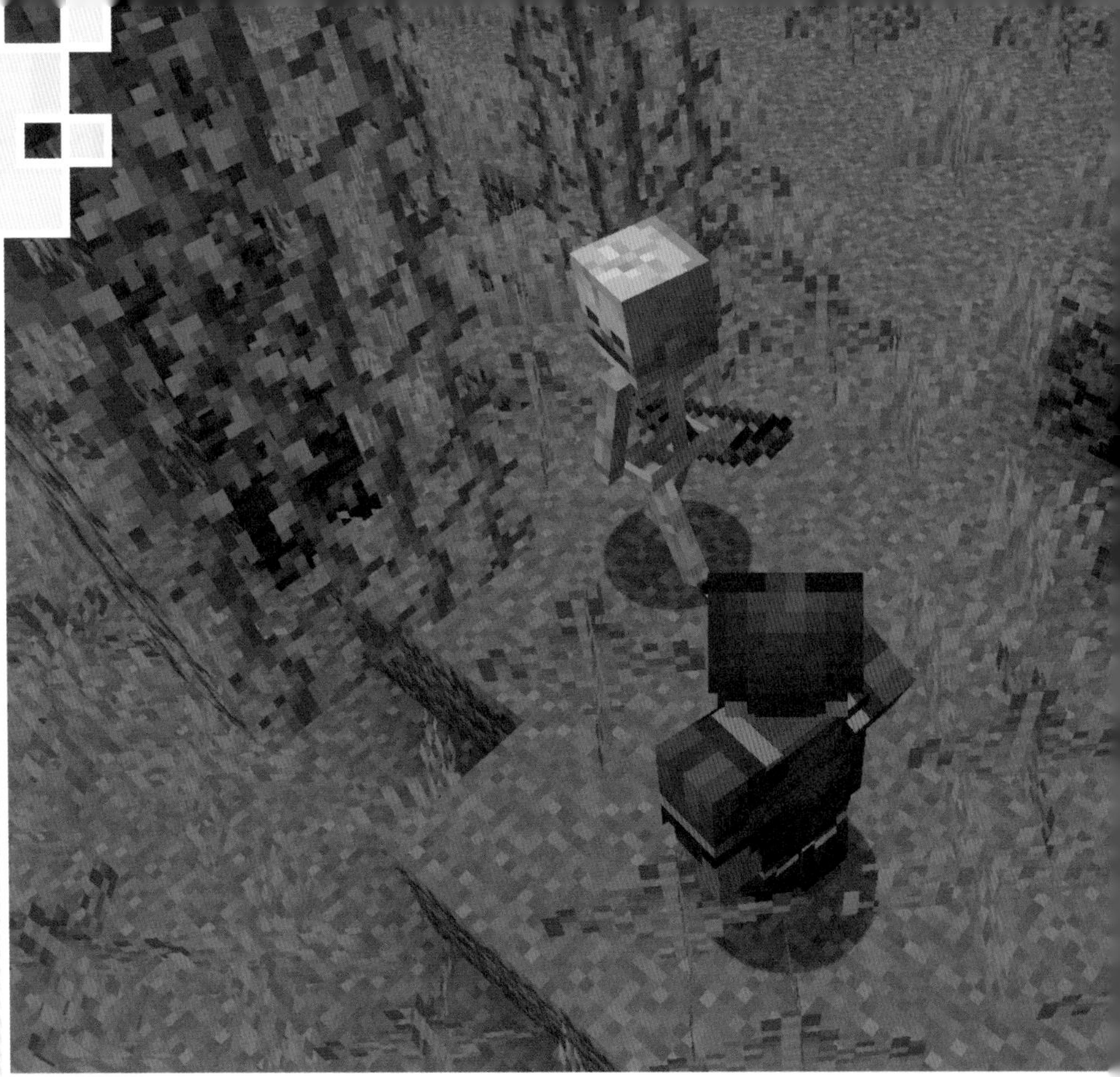

寝返る

味方を裏切って、敵だったほうにつく。

マルチ対戦で、自分のチームがあまりにも弱いので、敵のチームに寝返って戦った。

楯突く

反抗する。逆らう。

フレンドの意見に楯突いた。

歯向かう

逆らう。抵抗する。

姉はマイクラ禁止令に納得いかず、お父さんに歯向かった。

例文クラフト

下のコマを並べ替えて文章をクラフトしてみよう!

が	家	ばかりの
壊された	を	すぐに
クリーパーに	やり返した	建てた

➡答えは308ページ

争う

争いの様子によってことばはさまざま。どんなものがあるかな。

いさかい

言い争い。けんか。いざこざ。

マイクラの村人は平和的で、いさかいは一切起こらない。

いがみ合う

おたがいに、にくみ合ってけんかをする。

ゲーム機の使用をめぐって、妹といがみ合った。

競り合う

おたがいに負けまいとして、競争する。

マイクラプログラミング大会の優勝をかけて競り合ったが、負けてしまった。

しのぎを削る

激しく争う。

マルチでは、ときに資源集めにしのぎを削ることもある。

抗争

敵同士が、おたがいにはり合って争うこと。

テレビのニュースで、暴力団の**抗争**事件が取り上げられた。

紛争

国と国などが、意見が合わずにもつれて、争うこと。

ライバルチームとの間の**紛争**は、いまだ解決していない。

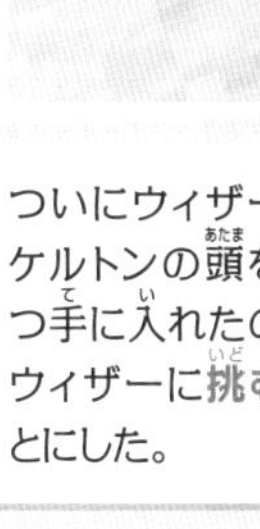

火花を散らす

おたがいに激しく争う様子。

PVPサーバーに参加した。プレイヤー同士の**火花を散らす**戦いを楽しんだ。

挑む

かかっていく。立ち向かう。

ついにウィザースケルトンの頭を三つ手に入れたのでウィザーに**挑む**ことにした。

ことば攻略ポイント

「しのぎを削る」の「しのぎ」は、刀の側面の盛り上がった部分のこと。しのぎが削れるほど刀と刀を激しくぶつけて戦うことからできたことばだ。同じように、火花が出るほど刀をぶつけて戦う様子からできたのが「火花を散らす」なんだ。

守る

保護

弱いものを危険などから守ること。

略奪者のアジトで、捕まっていたアレイを保護した。

盾になる

前に立って、体をはる。身代わりになる。

スケルトンが矢を放った。オオカミに当たりそうだったので、ぼくが盾になってかばった。

保全

安全であるように守ること。

景観保全のため溶岩滝をつぶした。

ガード

危険や攻撃から守ること。

盾でガードすると、ミサイル武器をはね返せる。

死守

大切なものを、必死に守ること。

ハードモードで襲撃イベントを開始した。なんとか村を死守したい。

かばう

害を受けないように守る。

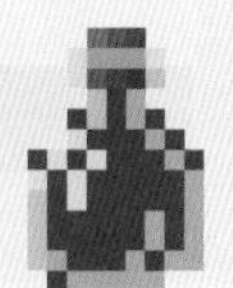

ぼくはウィザーの爆発から弟をかばった。

護衛（ごえい）
つきそって守ること。または そのような人。

保障（ほしょう）
危険なことなどにまきこまれないように、安全に守ること。

日本には国民生活を支える社会**保障**制度がある。

アイアンゴーレムは村人を守る**護衛**だ。

＋α のマイクラ攻略メモ

アレイは自然にスポーンするモブではない。前哨基地か森の洋館の檻の中に囚われ状態でのみ登場する。アイテムをわたすと追従してくるが、64マス離れると見失っていずれ消滅する。

助ける

助っ人

手助けする人。

アレイは落としたアイテムを拾ってくれる、プレイヤーの**助っ人**のような存在だ。

手を貸す

手伝う。手助けする。「肩を貸す」は、力をそえて助けること。

妹がジ・エンドで困っていたので、**手を貸して**あげた。

救助

危険から救って助けること。

友達がネザーで迷子になったようだ。**救助**に行くべきだろうか。

援助

困っている人などに手助けして、支えてあげること。

初心者の友達には、資源を**援助**している。

一肌ぬぐ

助けを求めている人に、本気になって力を貸す。

母はマルチプレイを盛り上げるために、一肌ぬいでイベントに協力した。

救済

苦しんでいる人を救い、助けること。

トーテムは倒されても一度だけプレイヤーを救済してくれるアイテムだ。

介助

人の助けが必要な人のために、世話をすること。

マルチ中に、毒状態になった姉を、みんなで介助した。

後押し

力を貸して、助けること。

兄の「一緒にマイクラ始めようよ」の一言が後押しになった。

ことば攻略ポイント

時代劇では着物から片腕を出して力仕事をしている姿を見るが、これを「肌脱ぎ」という。「一肌ぬぐ」は肌脱ぎして力を貸す姿からできたことばだ。「一」は「ここはひとつやってやろう」の「ひとつ」と同じだ。

する・行う

執り行う

式や祭りなどを行う。

ウィザー召喚の儀式を**執り行う**。

手がける

実際に自分の手で行う。

見ているだけだったが、ついに建築を**手がけて**みた。

施す

めぐむ。あたえる。飾りなどをつけ加える。また、行う。

アイテムをすべて失った弟に、ダイヤやステーキで支援を**施した**。

実践

考えや理論をもとにして、実際にやってみること。

建築の上手い友達に屋根の作り方を教えてもらった。さっそく**実践**してみようと思う。

繰り広げる

次から次へと行う。

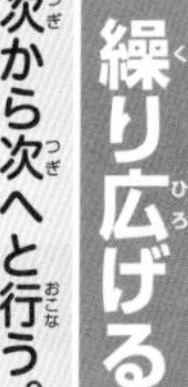

目の前でウィザーの大破壊が**繰り広げら**れている。

遂行

物事を最後までやりきること。

一度始めた建築だから、なんとしても遂行したい。

為す

何かをする。

相手の選手があまりにも強く、為すすべがなかった。

手を下す

直接自分でそのことをする。

どろぼうの容疑者は、自分は手を下していないと主張している。

ことば攻略ポイント

行動力をほめるときには「不言実行」という四字熟語が使える。あれこれ言わずにやるべきことをするという意味だ。「不言実行」から作られた「有言実行」という四字熟語もあり、言ったことは必ず行うという意味。

始める

着手

仕事や作業などをし始めること。

倉庫作りに着手した。完成すればたくさんのアイテムを収納できるようになるぞ。

立ち上げる

パソコンなどを起動させる。新しい組織などをスタートさせる。

ピラミッドの建築計画を立ち上げた。

乗り出す

進んで物事をし始める。

海底神殿の水抜きに乗り出そう。

腰を上げる

行動をおこす。取りかかる。

エンダードラゴンを倒すため、腰を上げた。

発足

新しい組織などが作られて、活動を始めること。

ぼくが通っている高校に、新たにeスポーツ部が発足するそうだ。

旗を揚げる

物事を新しく始める。

最強を目指して新しいPVPチームの旗を揚げようと思う。

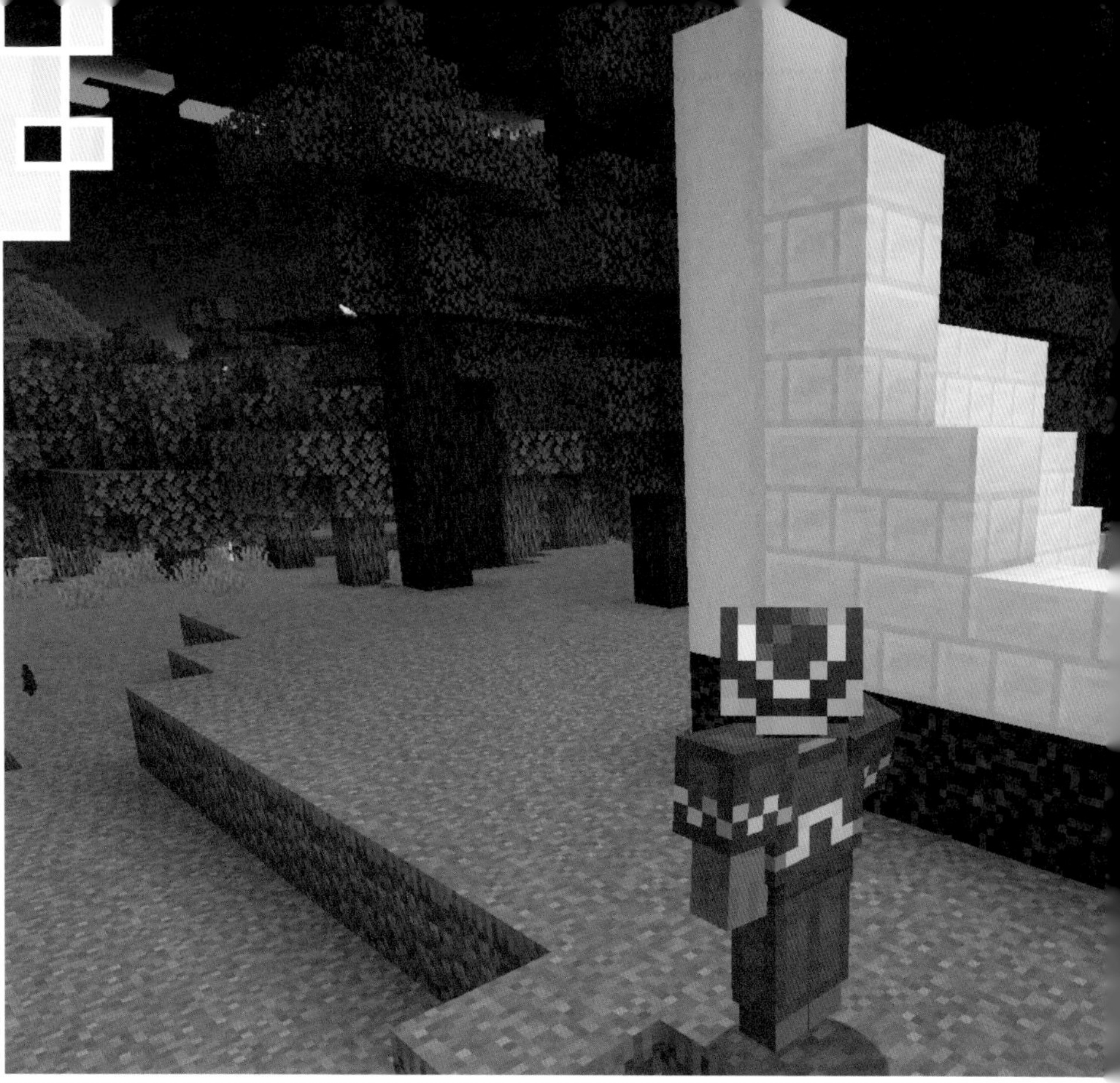

火蓋を切る

戦いや試合などを始める。

ついにエンダードラゴンとのラストバトルの火蓋が切られた。

踏み出す

新しいことに向けて、一歩前へ進み出す。

ぼくは古代都市へ探索に行きたいが、一歩**踏み出す**勇気がない。

例文クラフト

下のコマを並べ替えて、文章をクラフトしてみよう!

好きの	したいけど	マイクラ
出せない	マルチを	なかなか
少なくて	踏み	友達が

➡答えは308ページ

終える

打ち切る

物事をとちゅうでやめてしまう。

あまりに巨大な城建築が手に負えなくなったので、打ち切ろう。

締めくくり

物事の終わりをきちんとまとめること。結末。

今年の締めくくりとして、みんなで鳥居を建築することにした。

けりをつける

決着をつける。うまくまとめる。

なかなかまとまらない議論にけりをつけるため、多数決で決めることにした。

幕を下ろす

物事を終わらせる。

あと一撃でエンダードラゴンも倒せる。冒険に幕を下ろすときがきた。

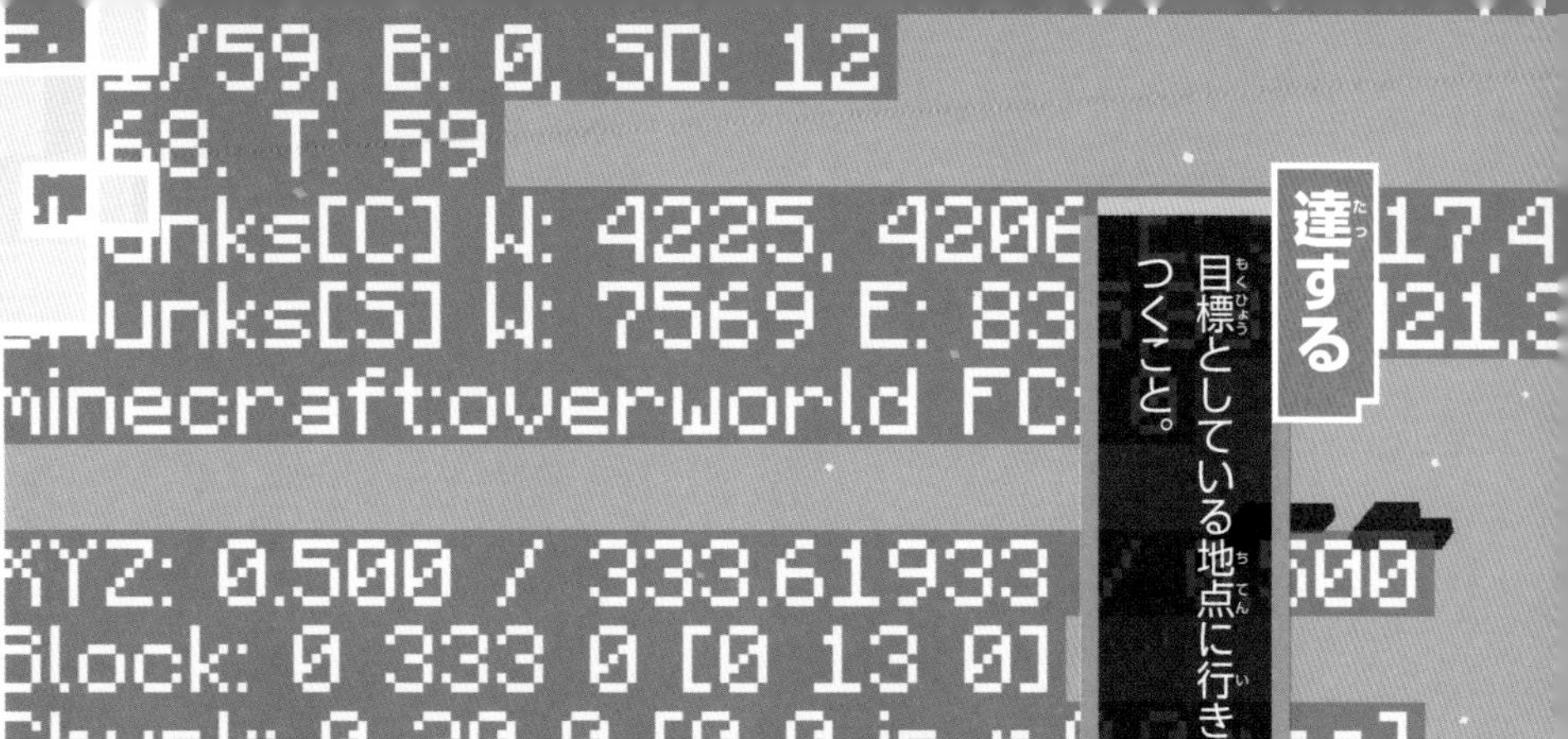

達する

目標としている地点に行きつくこと。

マインクラフトの最高有効高度は320だ。そこに達するとそれ以上はブロックを置くことはできない。

仕上がる

仕事などがすっかり終わって、物ができあがる。

今回のレッドストーン回路は満足のいくものに仕上がった。

果たす

やりとげる。やり終える。

「城を建てる」という弟との約束を果たすため毎日欠かさず整地にはげんだ。

終止符を打つ

物事をおしまいにする。

エンダードラゴンは、この冒険に終止符を打つ最後の存在だ。

例文クラフト

下のコマを並べ替えて、文章をクラフトしてみよう!

つけたい	この	もう
けりを	長引く	ボロボロ
一撃で	ウィザー戦で	だが

➡答えは308ページ

止める

はばむ

進もうとするのをじゃまする。

ネザー要塞がぼくの行く手をはばんでいる。

立ちふさがる

前に立って、行く手をふさぐ。

道に倒れた木が立ちふさがっていた。

阻止

進もうとするのをじゃまして止めること。

採掘中に溶岩が流れてきた。なんとか阻止せねば。

封じる

出入り口を閉じる。行動できないようにする。

守備力を強化したことで、相手の攻撃を封じることができた。

制止

人の行動を止めること。

弟が開始早々に海底に向かおうとしたので、制止した。

さまたげる

じゃまをする。

どんどん採掘したいのにゾンビが作業をさまたげる。

禁止

してはいけないと止めること。させないこと。

ぼくの運営しているマルチサーバーでは、プレイヤー同士の戦闘は禁止している。

抑圧

行動などを無理やりおさえつけること。

デモに参加した市民に対して、警察が抑圧をした。

＋α のマイクラ攻略メモ

右の画像はスケルトンホース。雷が落ちたところにプレイヤーが近づくと極稀にスポーンする。どう見ても敵っぽいが、実は友好モブ。ただし、スポーン時に乗っているスケルトンは攻撃してくる。

やめる

とちゅうで終わりにする、しなくなるという意味の「やめる」だよ。

保留

その場ですぐに決めずに、先に延ばすこと。

トライデントに激流と召雷のエンチャント、どちらをつけるか迷う。今日は**保留**にしよう。

取り下げる

一度出したものをもどす。

自分の考えにまちがいがあったので、発言を**取り下げた**。

廃止

やめて、行わないようにすること。

部員が集まらずｅスポーツ部が**廃止**されることになった。

見合わせる

やめて様子を見る。

今日はみんなで建築の予定だったが、風邪をひいて参加を**見合わせた**。

切り上げる

あるところで区切って、仕事などを終わりにする。

今日はたくさん鉱石を掘った。そろそろ**切り上げて**拠点に帰ろう。

辞める

「辞める」とは役目や地位などからしりぞくという意味だよ。

身を引く

地位や立場からはなれる。

友達は村を拡張していた。ひとりでできそうなので、ぼくは工事から身を引こうかな。

足を洗う

悪い行いや悪い仲間とのつき合いをやめる。ある仕事や生活から抜ける。

ネットで知り合ったマルチ仲間とのつき合いからは、もう足を洗うことにする。

花道を飾る

最後にすばらしい結果などを残して引退する。

マイクラを引退する友達は最後に大活躍をして花道を飾った。

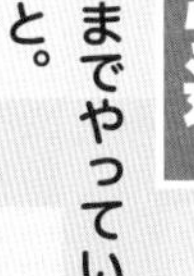

引退

今までやっていた役や仕事を辞めること。

受験が近いので、そろそろマイクラを引退すべきかもしれない。

変える・変わる①

移り変わる
時が経つにつれ、変化していく。

マイクラは季節が**移り変わる**ことはないが、桜のように季節を感じるものもある。

移ろう
物事の状態が変わっていく。心変わりする。

最初に作った家が気に入っていたが、気持ちが**移ろい**、二軒目に建てた家のほうが最近はお気に入りだ。

変動
動いて変わっていくこと。

マイクラの中では気候や地殻の**変動**はおこらない。

転じる
反対の向きに変わる。または変える。

減っていたマイクラのプレイ人口が、増加に**転じた**そうだ。

転換
ちがった方向に変えること。

そろそろレッドストーン回路作りにチャレンジしよう。ぼくのマイクラライフの**転換**期だ。

改良
悪いところをよくなるように変えること。

このレッドストーン回路はまだまだ**改良**の余地がある。

気分転換

つまらない気分を楽しい気分に切りかえること。

心機一転

何かをきっかけにして、がらっと気持ちを切りかえること。

心機一転、拠点を新しくすることにした。

勉強の気分転換にマイクラを起動した。

キーワード 採掘

「変える」の仲間のことばを鉱石のマスにあてはめて、文章を完成させよう！

溶岩が流れ
出たのか
拠点の地形が
　　していた

➡答えは308ページ

変える・変わる②

変色
色が変わること。

銅ブロックは時間経過で酸化し、**変色**していく。

覆す
ひっくり返す。考え方や仕組みを根本から変える。

受賞した建築作品は、常識を**覆す**ようなブロックの使い方をしていた。

一変
状況がすっかり変わること。

シェーダーを導入したら、見た目が**一変**した。

刷新
悪い部分を取りのぞいて、まったく新しいものに変えること。

友達の拠点へ行くと、家具の配置が**刷新**されて、使いやすくなっていた。

改正
ルールや法律などの不十分な点を、よりよくすること。

夜ふかししないようにゲーム時間のルールが**改正**された。

急変

様子が急に変わること。

夕方になると天気が急変して、雷が鳴ってきた。

変質

物の性質などが、元とはちがうものに変わること。

現実では食料などは劣化していくが、マイクラでは生ものであっても変質することはない。

豹変

話し方や態度が急にがらっと変わること。

アイアンゴーレムは普段は穏便だが、村人を攻撃すると豹変しておそってくる。

＋α のマイクラ攻略メモ

銅ブロックは、マイクラで初めて、時間で変色するという性質を持ったブロックとして登場した。階段などに加工もできる。銅系ならばどれも4段階に錆びていくぞ。

アイテム発掘！

ことばパズル 2

コマの中には、ことばとアイテムが混ざっているよ。
ことばを見つけてアイテムを発掘しよう！ ヒントはこのページにあるぞ。

問題1

割	っ	竹
う	木	よ
炭	を	た

問題2

け	べ	延
い	の	っ
棒	こ	鉄

問題3

黒	転	曜
石	く	機
心	一	泣

問題4

ポ	ブ	タ
ン	ポ	ィ
ジ	ポ	テ

問題5

の	す	現
角	石	階
を	段	頭

答えは309ページ

レールでつなごう!

トロッコパズル 2

上のことばと下の意味が正しい組み合わせになるように、あみだくじのレールを1本足そう。Ⓐ、Ⓑ、Ⓒのどのレールを足せばよいかな？

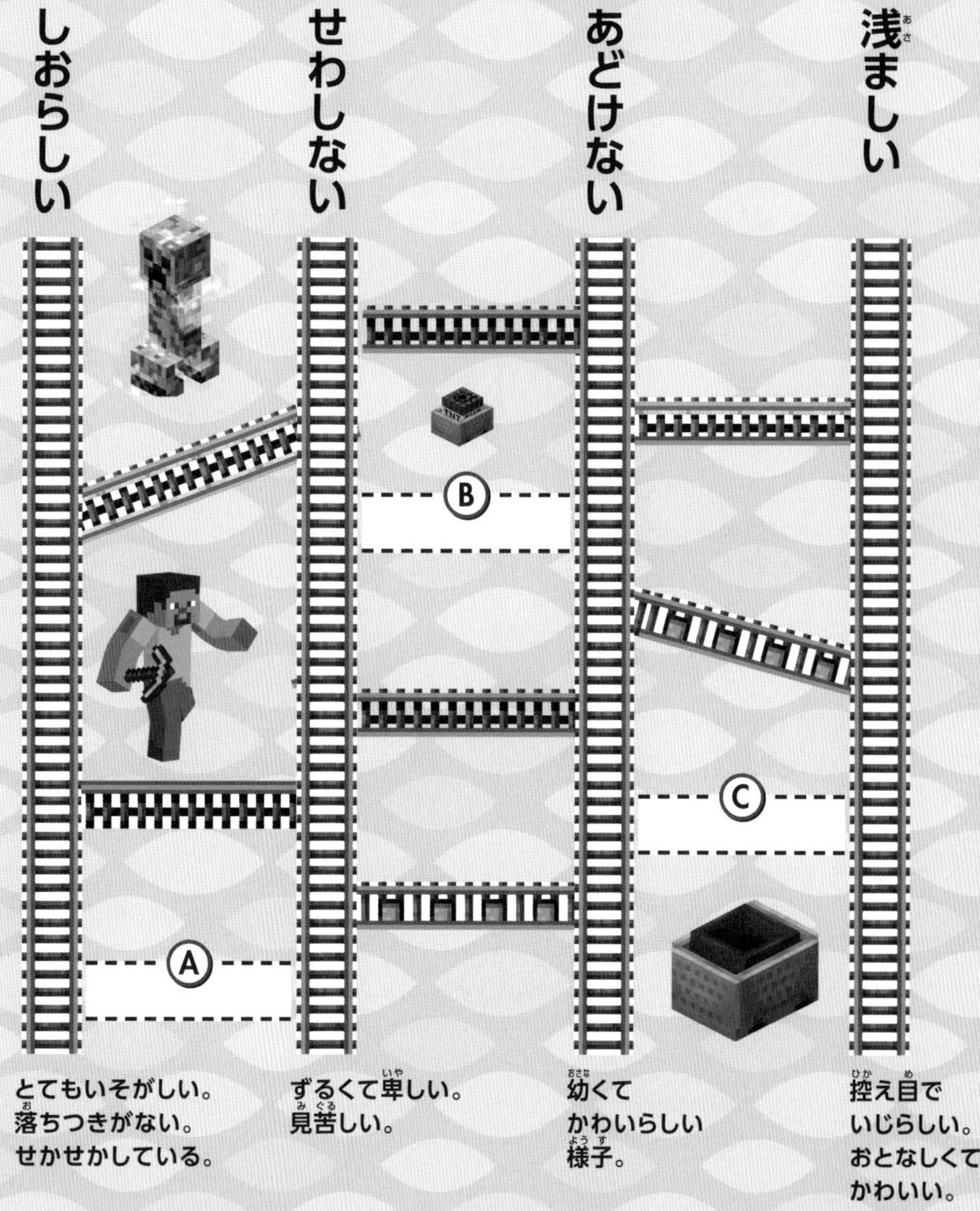

➡ 答えは309ページ

言う①

口をすっぱくする

注意などを何度もくり返して言う。

口をすっぱくして注意したのに、友達はまだチェストからの盗みをやめない。

述べる

意見や思っていることを、言ったり書いたりする。

マイクラワークショップでは自分の意見を述べる時間がある。

口走る

うっかりよけいなことを言う。

ネタバレを避けている友達に、アップデート情報をつい口走ってしまった。

口を利く

ものを言う。しゃべる。間を取りもつ。

弟は内向的で、マルチ仲間にも自分から口を利くのが苦手なようだ。

口をはさむ

人が話している最中に割りこんできて話す。

アップデート情報にくわしくないのに、知っているかのように口をはさむとはじをかく。

まくしたてる

勢いよくずっと続けてしゃべる。

リーダーは相手のことも考えず、一方的にまくしたてていた。

歯に衣着せぬ

遠慮しないではっきりと言う。

歯に衣着せぬ兄は、盗みをするようなプレイヤーには遠慮なく問いただす。

立て板に水

流れるようにすらすらとしゃべること。

物静かな彼だが、マイクラの話になると立て板に水の勢いで話す。

例文クラフト

下のコマを並べ替えて、文章をクラフトしてみよう！

話が	しまった	ネザーに
かけたが	マルチで	行こうと
まとまり	つい口を	はさんで

➡答えは308ページ

言う②

断言

自信をもってきっぱり言い切ること。

断言するが、木装備はすぐに必要なくなる。

訴える

不満や苦しみなどを人に伝える。裁判所に申し立てる。

いとこはゲーム中に、目の痛みを訴えた。

声を上げる

大きな声を出す。自分の意見を言う。

採掘に行こうとしたが、早いと思ったのか友達は反対の声を上げた。

口を割る

かくしごとなどを正直に話す。打ち明ける。

チェストからネザーウォートを盗んだ犯人を探していたが、ついに友達が口を割った。

切り出す

相談したいことなどを思い切って話す。

友達と遊んでいたら、急にＰＶＰでのなやみごとを切り出された。

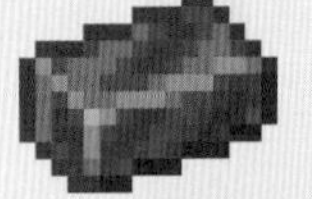

つべこべ言う

あれこれとうるさく文句を言う。

整地は食料を確保するために必要な作業だから、面倒などとつべこべ言わずにしよう。

打ち明ける

秘密にしていたことなどを、かくさずに話す。

マイクラ仲間に春に引っ越すことを打ち明けた。

異を唱える

相手の意見とは反対の意見を言う。

友達は街の中央を流れる川にイカトラップを作りたいと言ったが、むだが多そうなのでぼくは異を唱えた。

ことば攻略ポイント

話すことを戒めることわざに「口は災いのもと」というものがある。うっかり話してしまうと悪いことやもめごとを招くことがあるから気をつけなさいという意味だよ。「口は災いの門」ともいうよ。

話す・話し合う

「話し合う」とはおたがいに話をしたり、相談したりすること。

ディスカッション

話し合い。議論。

どうしたらジャングルの環境破壊が起きないか、メンバーと集まって**ディスカッション**をした。

語らう

仲よく語り合う。

公園のベンチには、楽しそうにマイクラについて**語らう**中学生がいた。

話が弾む

次から次へと話が続く。

初めて会った子だけど、マイクラのことで**話が弾ん**ですぐ仲よくなれた。

歓談

打ちとけて、楽しく語り合うこと。

エンダードラゴン討伐が成功したことを祝って**歓談**した。

議論

おたがいの意見を言い、話し合うこと。

最近、森の近くでスティーブに似た人影を見かけた。ヘロブラインだったのかどうか、友達と**議論**した。

談笑

笑いながら語り合うこと。

コマンドで座れる椅子を作った。みんなで座って**談笑**したいな。

交渉

あることを決めるときや問題を解決したいときに、相手と話し合うこと。

マルチサーバーで管理者と交渉し、自分専用のレッドストーン装置を置いてもらった。

膝を交える

親しく打ちとけて語り合う。

拠点の村の横に東京タワーを作るかエッフェル塔を作るか、膝を交えて話し合った。

＋α のマイクラ攻略メモ

ヘロブライン（Herobrine）とは、マイクラの都市伝説だ。シングルで遊んでいるのに白目のスティーブが現れて、ワールドを荒らしていくといううわさ。もちろん事実無根だぞ。

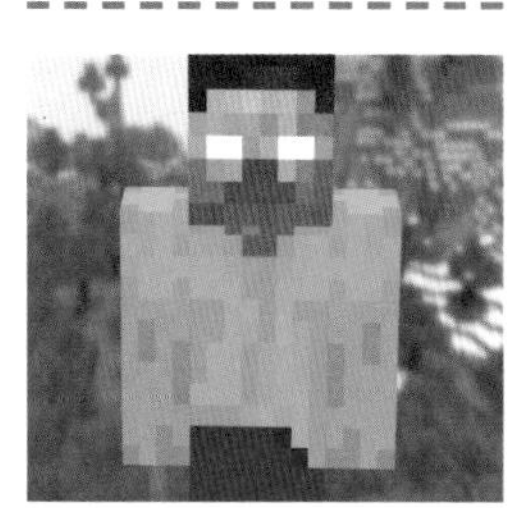

見る①

凝視

目を凝らしてじっと見ること。

エンドポータルを凝視していると宇宙に見えてきた。だとすると、エンダーマンは宇宙人なのかもしれない。

「目」がつくことばが多いよ。上手に使い分けよう。

目につく

目立つ。注意を引く。

草原でダイヤモンドの防具を身に着けていると、敵の目についてしまう。

目に留まる

注意を引く。目につく。

電車に乗っていたら、マイクラの攻略本の広告が目に留まった。

目を配る

注意してあちこちを見る。

だんだん夜になってきた。目を配って、あたりにゾンビやスケルトンがいないか確認をする。

着目

重要なところに目をつけること。

ゾンビトラップの水を流す仕組みに着目して、スケルトントラップを作った。

視線を投げる

目を向ける。気になったものを見る。

友達は何も言わず、ゲーム画面の外へ視線を投げた。

一見

一度見ること。ちらっと見ること。

外からだと一見きれいな建物だが、内装は床と天井に同じブロックを使っていてかっこ悪かった。

穴があくほど

じっと見る様子。まじまじと見つめる様子。

妹は大好きなマイクラの絵本を、穴があくほどずっと見ている。

＋α のマイクラ攻略メモ

エンドポータルは地下要塞にのみ生成される。クラフトは不可能だが、クリエイティブモードでならブロックとして入手可能。さらに向きを揃えて3X3の形に組めばちゃんとポータルとして稼働する。

見る②

目の当たりにする

目の前で実際に見る。

弟がヴィンディケーターにジョニーという名札をつけている光景を**目の当たりにした**。

まじまじ

注意深くじっくり見る様子。

大型アップデート情報を知った友達は、解説動画を**まじまじ**と見ている。

しげしげ

しっかりと見るさま。

ぼくの新しいスキンを、友達が**しげしげ**と見ていた。

直視

目をそらさずにまっすぐ見ること。ありのまま見ること。

マイクラは一日一時間までという約束をやぶり、父の目を**直視**できなかった。

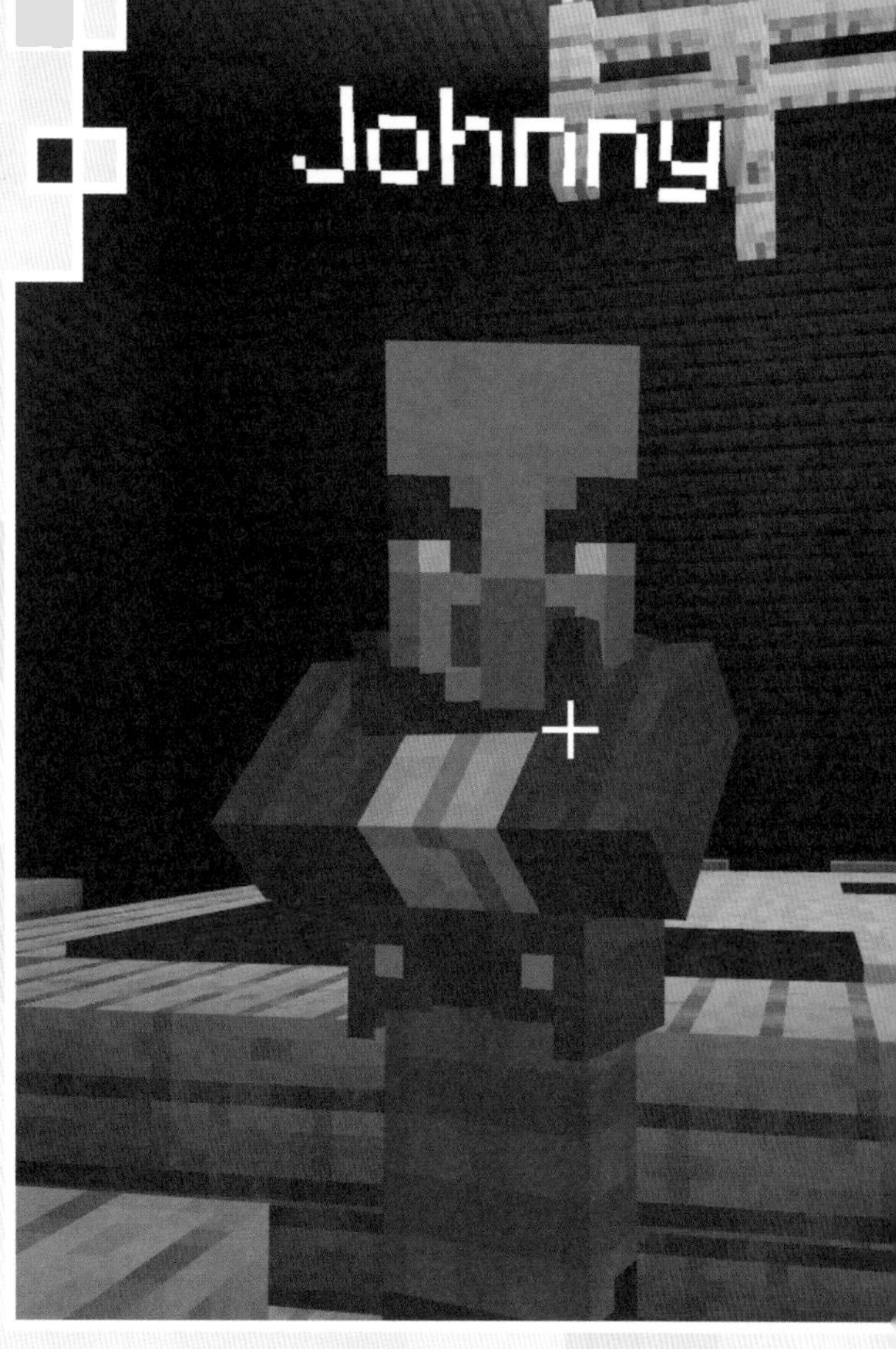

目を皿のようにする

物を探そうとして、目を大きく開いてよく見る。

エンダードラゴンの卵がワープしてしまった。周辺を目を皿のようにして探している。

監視

注意してよく見張ること。

ゾンビを家に閉じ込めて監視している。

一瞥

ひと目ちらっと見ること。

ぼくは一瞥しただけで、それが母の建築だとわかった。

目を凝らす

注意してじっと見つめる。

無意味に壁につけられているようなボタン。目を凝らして見たらレッドストーン回路になっていたぞ。

ことば攻略ポイント

「百聞は一見にしかず」は、人から何度も話を聞くより一度自分の目で見たほうがよくわかるという意味。中国の歴史書に由来し、実は続きがある。見るより考えること、考えるより行動することが大事で行動が成果になると教えているんだ。

聞く

耳をそばだてる

注意してよく聞こうとする。耳をすませる。

地下からもれ聞こえるゾンビのうめき声に**耳をそばだてた**。

耳を傾ける

人の話などを注意してよく聞く。

ジャングルでオウムを見つけた。モンスターの鳴きまねに**耳を傾ける**。

小耳にはさむ

話の一部分をぐうぜん、ちらっと聞く。

ぼくのネザライト装備を友達がうらやましがっていると**小耳にはさんだ**。

聞きかじる

人の話や情報の一部だけを聞いて知る。

彼は**聞きかじった**程度のアップデート情報を、自慢げに話してくる。

耳が早い

うわさや情報などをすぐに知る。

マイクラ好きの弟はアップデート情報には**耳が早く**、なんでも知っている。

傾聴

相手のことばや気持ちをわかろうとして、熱心に聞くこと。

彼は人気クラフターのスピーチを熱心に**傾聴**している。

清聴

自分の話を相手が聞いてくれたことをていねいに言う言い方。

動画配信者はイベントの最後に「ご清聴ありがとうございました」とお礼を言った。

傍聴

裁判や会議などをその場で聞くこと。

傍聴席に座って裁判の様子を見守る。

例文クラフト

下のコマを並べ替えて文章をクラフトしてみよう!

はさんだ	中立	すると
かわいい	モブが	次の
登場	アップデートでは	小耳に

➡答えは308ページ

読む

目を通す

ひと通り見る。ざっと見る。

書見台にあった記入済みの本に目を通すと、仲間からの伝言が書かれていた。

熟読

意味を考えながらじっくり読むこと。

機織り機の使い方がわからないので、攻略本を熟読した。

読破

本を最初から最後まで全部読むこと。

語彙力をつけたいから、この本をすみからすみまで読破した。

愛読

自分の好きな読み物をよく読むこと。

マイクラの絵本は、妹が愛読している本だ。

黙読

声を出さないで読むこと。

毎朝５分間の黙読タイムにマイクラの小説を読んだ。

書く

1/1ページ

座標　1268　45　133
あたりに海底神殿があるよ
なかにスポンジと
タカラの部屋があったから
たいまつで道しるべを
つくっておいた

記述

ことばや文章で書き記すこと。

海底神殿を探検したら新発見があった。その内容を忘れないように本に**記述**しておこう。

したためる

文字や文を書いて残す。

レッドストーン装置を作った。忘れないように看板に解説を**したためた**。

つづる

文字と文字をつないで文章や詩を作る。

有名クラフターの日常を**つづった**本が、ベストセラーになった。

筆を執る

絵や文章を書く。「ペンを執る」は、手紙や文章を書くこと。

友達がいる座標を教えてもらったので、感謝を伝えるために**筆を執った**。

＋α のマイクラ攻略メモ

本と羽ペンを使う操作で、本の中に記述できる。書見台に置けるので、マルチで他のプレイヤーに情報を伝えるのに便利だ。さらにコンパレーターと併用すれば、ページ数で信号強度が変わるぞ。

表す

アピール

自分のよい部分などを人に伝えること。

盾に旗の模様を入れて目立たせて、周りに**アピール**しよう。

公開

多くの人に見せたり聞かせたりすること。

ついに城が完成したので、マルチで**公開**しようと思う。

描写

様子や気持ちなどを、文章や絵で表すこと。

影MODを入れたら水の反射がとても美しく見えた。やはり影MODの**描写**はすばらしい。

表明

自分の考えなどをはっきりと表すこと。

ぼくは明日、エンダードラゴン討伐に行くことをここに**表明**する。

披露

みんなに見せること。広く発表すること。

練習してきたサイドジャンプをついにみんなの前で**披露**した。

発揮

能力を最大限に引き出すこと。

レッドストーン装置は、プレイヤーの生活を楽にしてこそ価値を**発揮**する。

ひけらかす

得意になって見せつける。じまんげに見せる。

アップデート情報を動画サイトで見た友達は、ぼくがまだ知らない知識をひけらかしてきた。

誇示

ほこらしげに見せつけること。得意になって見せること。

拠点の中心にダイヤモンドのスティーブ像を建てて力を誇示した。

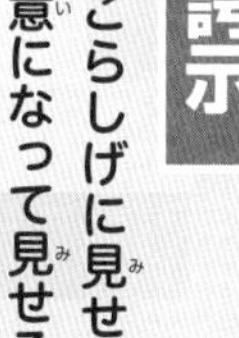

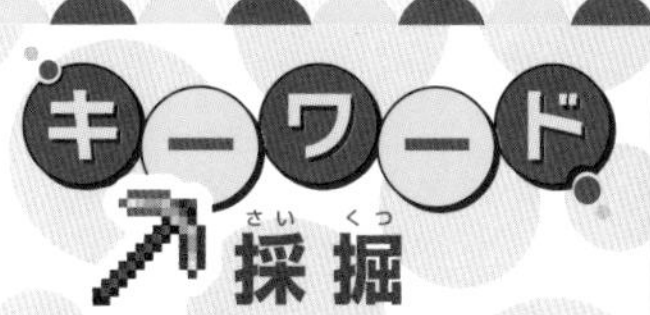

キーワード 採掘

「表す」の仲間のことばを鉱石のマスにあてはめて、文章を完成させよう！

初マルチで
先日作った
レッドストーン
回路を□□した

➡答えは308ページ

知らせる

警告

危険なことなどを前もって知らせること。

「この先洋館あり立ち入り禁止!!」と、森の洋館につながる道に**警告**する看板を立てた。

告知

事実などを広く人々に知らせること。

次のアップデートで追加されるモブが、公式サイトで**告知**された。

触れ回る

人々に言いふらして回る。

うちのチェストからエメラルドを盗んだのは友達だった。ぼくは犯人はこいつだったと**触れ回った**。

PR

仕事や商品の内容などを多くの人に知ってもらうこと。宣伝。英語のPublic Relations（広報）の略。

マイクラ未経験の友達に、楽しさを**PR**している。

合図

前もって約束した方法や身ぶりで、相手に知らせること。

ぼくが略奪者の前哨基地に攻撃をしかける合図を出すと、友達が矢を放った。

暴露

悪いことや秘密などをあばいて、広く知らせること。

マイクラを作った会社で働いていた人が、開発秘話を暴露していた。

流布

世の中に広まること。または広めること。

ヘロブラインというモブが、ゲーム内に登場したといううわさが流布している。

周知

多くの人が知っていること。または知らせること。

クリスマスになるとチェストがプレゼントボックスになるという事実をみんなに周知した。

＋α のマイクラ攻略メモ

211ページにも登場したヘロブライン。あるユーザーが原作者のノッチに聞いたところ、亡くなった兄だ、と言われたそうだ。つまりネットに魂のみが……。というところまで話が作りこまれている。

質問する

疑いのあることを厳しく質問するという意味のことばも集めたよ。

問い詰める

本当のことを言うまで厳しく質問する。

置いてあったケーキが半分食べられていた。こっそり食べた人がいないか、**問い詰めた**。

尋ねる

わからないことを人に聞く。

母は、妹に座れる椅子の作り方を**尋ねた**。

問い合わせる

わからないことを聞いて確かめる。

バグを見つけた。開発元に**問い合わせて**みようかな。

照会

欲しい情報を手に入れるため、問い合わせて確かめる。

母はゲーム機のロックを解除するパスワードをサポートに**照会**した。

質疑

疑問点について質問すること。

有名マイクラ配信者が、集まった記者の**質疑**に答えた。

問いただす

疑問点について、厳しく質問する。

金のリンゴをかくした理由を、彼に**問いただした**。

追及

責任などを明らかにするため、厳しく質問すること。

尋問

あることについて、事実を厳しく質問すること。

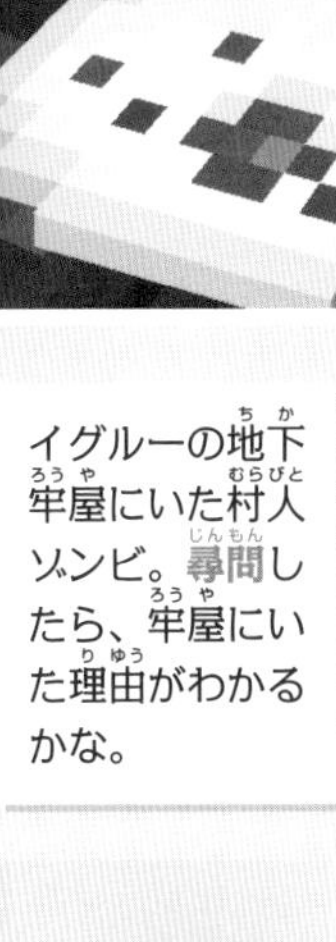

イグルーの地下牢屋にいた村人ゾンビ。尋問したら、牢屋にいた理由がわかるかな。

襲撃者が話せたら、どうして村を襲うのか追及したい。

＋α のマイクラ攻略メモ

金のリンゴはマインクラフトでもっとも高コストな食料だ。満腹度回復以外にも、衝撃吸収と再生が付与される。といっても、さすがに食べるにはちょっともったいなさすぎる。主用途は村人ゾンビの治療用だろう。

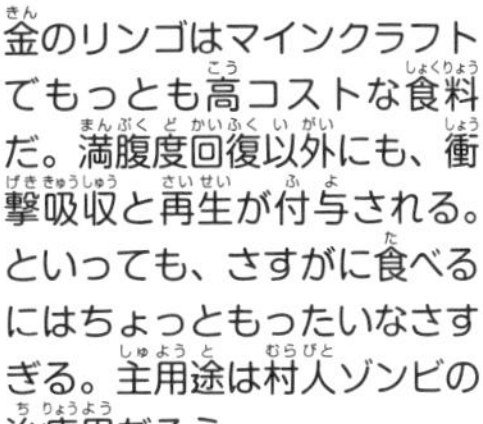

動作・思考

調べる

探査

未知のものなどをよく知るために、探りながら調べること。

夜の砂漠バイオームは、月や火星に似ている気がする。宇宙飛行士になった気持ちで、砂漠のピラミッドを**探査**してみよう。

検証

実際に調べて、事実を明らかにすること。

たくさん鉱石が見つかる高度はどこか、実際にいろいろな高さで試して**検証**しよう。

検索

たくさんの情報の中から、調べて探し出すこと。

「砥石」のレシピがわからないので、インターネットで**検索**した。

照らし合わせる

両方を比べて、同じかどうか確かめる。

宝の地図と場所を**照らし合わせて**、宝を探し当てた。

吟味

品質や内容などをしっかりと調べること。

母は、有料MODのスペックをよく吟味してから買っている。

解明

わからないことなどを調べてはっきりさせること。

倒されたあとのコウモリはどうなるのか。この謎がいつか解明されるときはくるのだろうか。

鑑定

美術品などが、本物かにせ物か、よいか悪いかを調べること。

おじいちゃんからもらった古いつぼを、専門家に鑑定してもらった。

審査

作品や能力などをくわしく調べ、よいか悪いかを決めること。

六月に提出したマイクラ建築の審査結果が十月に発表された。

たのむ

すがる

助けを求めてたよる。しがみつく。

最近はビートルートや乾燥した昆布しか食べていない。**すがる**気持ちで友達に食料援助をお願いした。

託す

他の人にたのむ。あずける。

エンダードラゴンを倒し、ドラゴンの卵をゲット。しかしこれからエンドシティの攻略に行くので、卵を友達に**託した**。

依頼

人に仕事などをたのむこと。

スライムトラップの作り方を忘れた。友達に製作を**依頼**しよう。

委託

自分の代わりに他の人に仕事などを任せ、たのむこと。

自作スキンをストアに**委託**して販売する。

泣きつく

他の人に泣くようにしてたのむ。

お父さんに**泣きついて**クリーパーのぬいぐるみを買ってもらった。

動作・思考

だます

「だます」とはうそを本当だと思わせることだよ。

偽る

うそをつく。だます。

友達にシロクマを懐かせたと偽ったが、いまだバレていない。

あざむく

うそをついてだます。取りちがえさせる。

お宝を山分けする約束だったのに、友達はぼくをあざむいてダイヤを夜のうちに盗んでいた。

けむに巻く

大げさなことやよくわからないことを言って、相手をまどわせて、ごまかす。

村人との取引で大儲けしたと話したが、うらやましがる友達はけむに巻いた。

はぐらかす

質問などの内容をうまくごまかして、話をそらす。

父は弟のマイクラに関する質問を、のらりくらりとはぐらかした。

笑う①

「笑う」の仲間のことばには、体のパーツを使ったものが多いね。

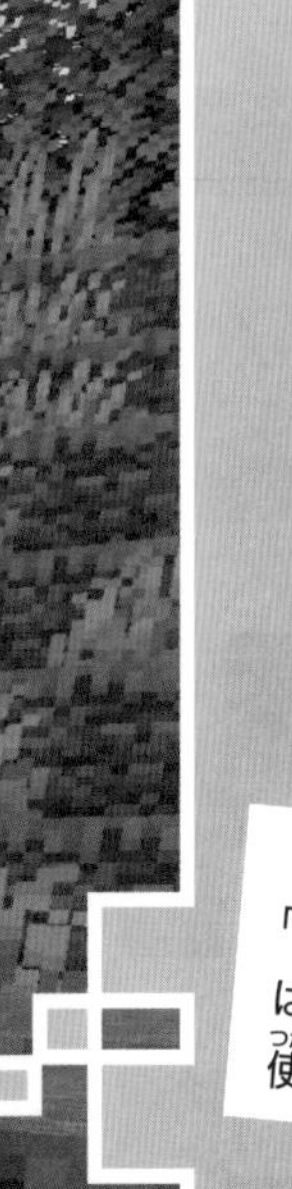

腹の皮がよじれる

あまりのおかしさに、腹が痛くなるほど笑う。

村人がドラゴンの頭をかぶったときはあまりにも奇妙で、**腹の皮がよじれた。**

白い歯を見せる

笑顔を見せる。

エンダードラゴンを無事攻略。手に入れた卵を持って**白い歯を見せた。**

破顔一笑

表情がゆるんで、にっこりと笑顔になること。

エッフェル塔建築がついに完成。思わず**破顔一笑**した。

目尻を下げる

うれしそうな表情をうかべる。

楽しそうにマイクラで遊ぶ孫の姿を見ておじいちゃんは**目尻を下げた。**

目を細める

かわいらしく思い、にこにこほほ笑む。

初めてウミガメの卵が孵った。小さいウミガメを見て、**目を細めた。**

腹を抱える

おかしくて大笑いする。

変な建築物を作る動画を見て、**腹を抱え**て笑った。

抱腹絶倒

腹をかかえてひっくり返りそうになるくらい大笑いすること。

幼なじみとマイクラをプレイすると、大したことはしていないのにいつも**抱腹絶倒**する。

高笑い

大得意になって、大声で笑うこと。

魔女の家に入ると、ウィッチが**高笑い**しながらポーションを投げてきた。

＋α のマイクラ攻略メモ

ドラゴンの頭は、エンドシップの舳先に必ず飾られているブロックだ。かぶることができるので最強防具の雰囲気があるが、防御力はゼロで特殊効果もない完全な飾り。ただしレッドストーン信号で口が動くぞ。

笑う②

にやける

にやにやする。薄笑いをする。

村人に子どもが生まれた。かわいくてにやけてしまう。

ほくそ笑む

思い通りにうまくいってこっそり笑う。

天空トラップタワーを使い、大量のアイテムが入ったチェストを見てほくそ笑んだ。

鼻で笑う

小ばかにしたように笑う。

マイクラ実況動画の配信者を目指すと言ったら、周りに鼻で笑われた。

失笑

思わず笑ってしまうこと。「失笑を買う」は、おろかな行いをして、人から笑われること。

マイクラ中に大あくびをする友達に、思わず失笑してしまった。

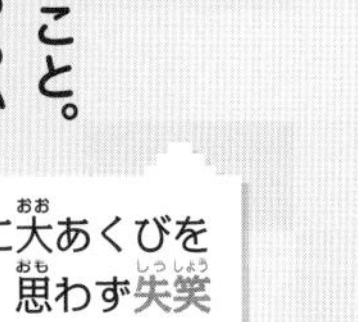

薄笑い

声に出さずに、うっすら笑うこと。

洞窟探検で松明を忘れた話をしたら、友達は**薄笑い**を浮かべていた。

吹き出す

こらえかねて思わず笑う。

いつもは厳しいリーダーがジョークを言ったので、みんなは**吹き出**した。

苦笑い

心の中ではうれしくないが、作り笑いをすること。

みんなの前でゾンビに倒され、ぼくは**苦笑い**した。

あざ笑う

人をばかにしたように笑う。

コマンド操作のミスで建物や土地を空気に置き換えてしまったぼくを、友達が**あざ笑**った。

ことば攻略ポイント

「笑う門には福来る」ということわざは知ってる? 「門」は家や家庭を表していて、笑いが絶えない家には自然と幸せがおとずれるという意味。同じ意味の四字熟語「笑門来福」は、年賀状で「謹賀新年」と同じように使うこともある。

動作・思考

泣く

泣く度合いによってさまざまな表現があるよ。見てみよう。

涙ぐむ

目に涙をためる様子。

マイクラのエンドシーンを見ながら、ぼくは**涙ぐんで**いた。

目頭を押さえる

こぼれそうな涙を手で押さえる。

感動して**目頭を押さえ**ながら、マイクラの小説を読んだ。

目が潤む

涙が出そうになる。

巨大ピラミッドがついに完成した。その姿を見ると、辛かった建設の日々を思い出し**目が潤む**。

涙にくれる

悲しみで、泣いて日々を過ごす。

飼っていた子ウミガメがドラウンドに倒された。突然の死に、涙にくれた。

目頭が熱くなる

感動して目に涙が浮かんでくる。

友達がダイヤをたくさん見つけたそうだ。友達の成功に目頭が熱くなる。

むせび泣く

息をつまらせながら泣く。

かわいがっていたペットのオオカミを失い、悲しさにむせび泣いた。

号泣

声をあげて大泣きすること。

しゃくり上げる

くりかえし息をすいこむようにして泣く。

マイクラを取り上げられた子どもが、ひっくひっくとしゃくり上げている。

ついにエンダードラゴンを倒した。うれしさのあまり号泣してしまった。

ことば攻略ポイント

「泣く」に関連することばとしては「鬼の目にも涙」もよく使う。鬼のようにひどい人でも心を動かされて泣くことがあるという意味だ。こわいと思っていた人が感動で涙を流したときなどに「鬼の目にも涙だね」と言ったりするよ。

がんばる①

踏んばる

負けないように気力を出してがんばる。

エンダーマンに囲まれたけど、雨が降ってきそうなのでもう少し**踏んばろう**。

力を尽くす

できるかぎりの力を出し切る。

メサバイオームに行ってみたいので、探索に**力を尽くそう**。

いそしむ

熱心にはげむ。精を出す。

巨大建築や巨大畑を作りたくて、毎日せっせと整地に**いそしんでいる**。

ひたむき

ひとつのことに熱中するさま。一生懸命になるさま。

巨大ピラミッドを建築中。ブロックを置くだけの作業は楽しくないけど、**ひたむき**にがんばろう。

専念

ひとつのことだけに熱心に取り組むこと。

みんなで分担して建築。ぼくはガラスを設置する仕事に**専念**しよう。

精を出す

精いっぱい働く。一生懸命がんばる。

ジャガイモをたくさん収穫するために、クワと水バケツを持ち、**精を出して**畑を広げた。

精進する

ひとつのことに集中して努力する。

視聴者の皆様からいただいた意見をもとによい建築を作れるよう、精進してまいります。

持ちこたえる

それ以上悪くならないように保つ。

略奪者の前哨基地を攻略中だ。予想以上に強くて手強いけど、援軍が来るまで持ちこたえたい。

＋α のマイクラ攻略メモ

メサバイオームとは、現在では荒野（badlands）と呼ばれている地形だ。かつてはMESAが正式名称だったが、2018年に変更された。通常バイオームだけど、かなりのレアで、金生成率は他の10倍以上になるオイシイ地形なのだ。

がんばる②

意気ごむ

はり切る。元気づく。

次は大きくて頑丈な城を建てようと、意気ごんでいる。

奮い起こす

自分自身をはげまして、気持ちを盛り上げる。

ウィザー状態になってしまった。力を奮い起こして養蜂箱に行き、ハチミツ入りの瓶を探した。

奔走

物事が上手くいくように、かけ回って努力すること。

巨大な教会を作りたいが方解石が大量に必要なので、集めるために奔走している。

身を粉にする

すべての力をそそいで、一生懸命に働く。

巨大計算機を作った。完成まで一週間、本当に身を粉にしてがんばった。

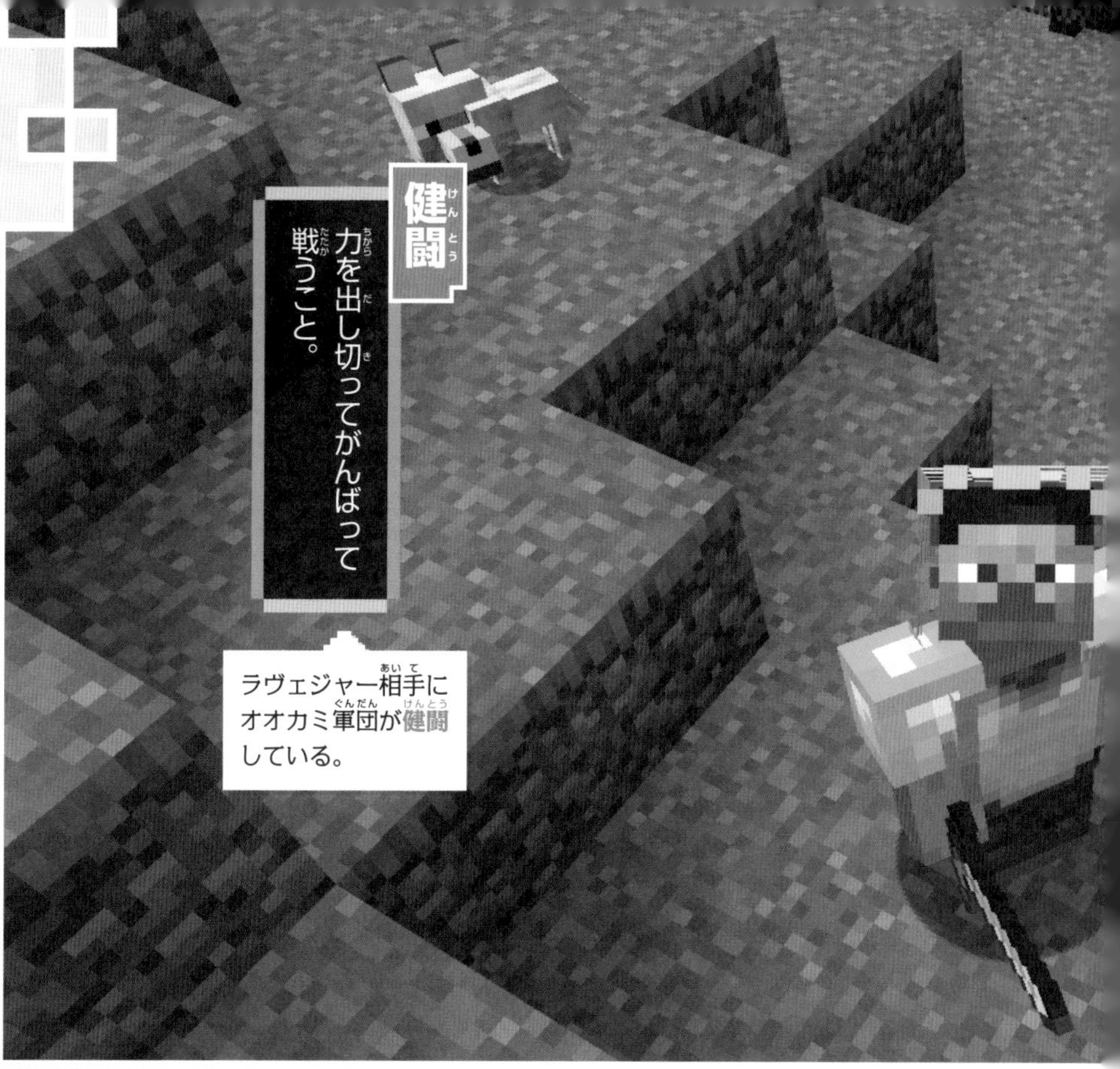

健闘

力を出し切ってがんばって戦うこと。

ラヴェジャー相手にオオカミ軍団が**健闘**している。

骨身を削る

体が細くなるほど、苦労して一生懸命努力する。

骨身を削って昼夜を問わず働いた結果、巨大な畑をひらくことができた。

心血を注ぐ

そのことだけに気持ちを打ちこんで物事を行う。

心血を注いでゲーム中に書き上げたオリジナルシナリオ。でもそれを書いた記入済みの本をなくしてしまった。

粉骨砕身

力のかぎり働いたり努力したりすること。

粉骨砕身してスケルトントラップを作った。これで骨粉が大量ゲットできるだろう。

キーワード採掘

「がんばる」の仲間のことばを、鉱石のマスに当てはめて、文章を完成させよう!

➡答えは308ページ

あきらめる

「あきらめる」とはもうだめだと望みを捨てる、思い切ること。

音を上げる

もうたえられないと、降参する。弱音をはく。

「乾燥した昆布だけでも生きられる説」の検証をスタート。しかし、一日で**音を上げて**しまった。

投げ出す

とちゅうであきらめて、やめてしまう。

おしゃれな家を建築していたが、弟はとちゅうで**投げ出して**しまった。

断念

自分の夢や理想などをきっぱりとあきらめること。

巨大な橋を作ろうとしたが、とちゅうで材料が足りないことに気づき、**断念**した。

見切りをつける

実現する見こみがないと考え、あきらめる。

ピラミッドを作ろうとしていたが、とちゅうで形がおかしいと気づいたので、**見切りをつけた**。

観念

もうだめだと、あきらめること。

全略奪者に告ぐ！　明日の夜明け前、前哨基地に大規模攻撃をおこなう。もう観念して出てきなさい。

割り切る

仕方がないと考えて受け入れる。物事をひとつの見方に決める。

ぼくは、マルチはマルチとして割り切って考えるようにしている。

吹っ切る

ためらいや迷っている気持ちを捨てる。

なやみごとは吹っ切れたみたいで、姉はいつもの明るさをとりもどした。

ギブアップ

降参する。負けをみとめる。

一回も倒されずにエンダードラゴンを攻略したかったが、かなり手強い。今回はギブアップする。

例文クラフト

下のコマを並べ替えて文章をクラフトしてみよう！

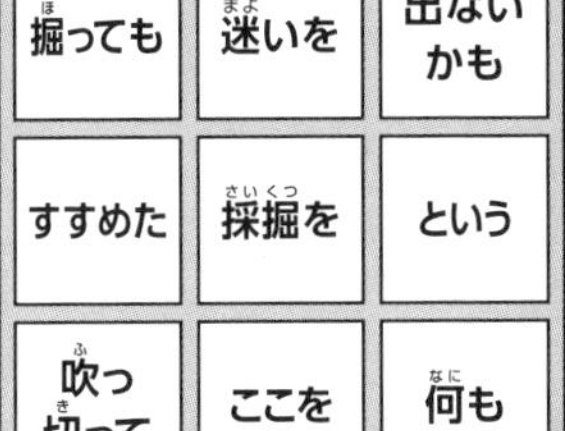

掘っても	迷いを	出ないかも
すすめた	採掘を	という
吹っ切って	ここを	何も

➡答えは308ページ

思う

胸に刻む

忘れないように、心にとどめる。

ネザーでマグマに落ちたかと思ったら、ストライダーがいて助かった。この経験を胸に刻んで生きていこうと思う。

思いを抱く

心の中に、ある気持ちを持つ。

アップデートで予定されている追加新要素が多すぎる。今までのマイクラが変わってしまうかも、という不安の思いを抱くようになった。

想像

実際に経験したことがない事柄を、思い描くこと。

養蜂箱からハチミツを収穫。食べる場面を想像するだけでよだれが出てくる。

思いをめぐらす

あれこれと考える。

ネザライトのクワを失くしてしまった。どこで失くしたのか思いをめぐらすがわからない。

思惑

前もって考えていたこと。見こみ。

ドラウンドトラップを作ったところにドラウンドが来た。思惑通りに事が進んだ。

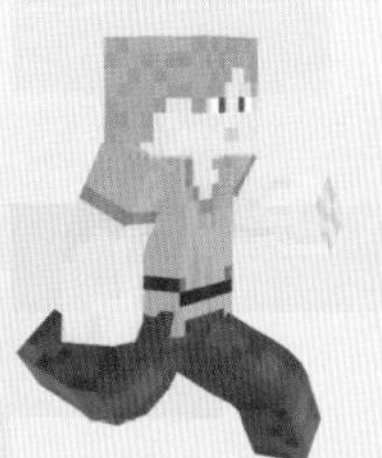

妄想

実際にはないことを事実であるかのように思い描くこと。

いずれ超豪華な空中神殿を建設しようと妄想している。

追憶

過ぎさった出来事をなつかしむこと。

マイクラを初めてプレイした日を追憶してみた。

回顧

過ぎさった出来事をあれこれ思い出すこと。

昔のマイクラを回顧するとカメどころか馬すらいない時代があった。

＋α のマイクラ攻略メモ

ネザー唯一の友好モブであるストライダー。溶岩の上をダメージなしで歩けるぞ。鞍を着けられれば溶岩の海も、難なく渡れるようになる。

考える

「考える」とは頭の中で整理すること、工夫して生み出すこと。

考慮

物事をよく考えること。考えに入れること。

古代都市ではウォーデンをなるべくスポーンさせないことが最重要だ。それを**考慮**して攻略しよう。

推し量る

あることについて、いろいろ考えてみる。推測する。

他のプレイヤーの気持ちを**推し量る**のは、なかなか難しい。

頭をひねる

知恵をしぼり出す。

村人にエンダードラゴンの頭をかぶせてみた。どうすればもっとリアルにドラゴニュートっぽくなるのか、**頭をひねる**。

知恵を絞る

どうにかしてよい考えを出そうとする。「頭を絞る」は、あれこれ考えて工夫すること。

湿地帯にモンスターが湧かないようにしたくて、**知恵を絞った**が答えが出ない。

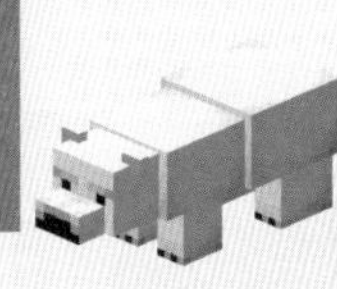

検討

くわしく調べて、それでよいかどうか考えること。

夏休みに建てるものについて、みんなで**検討**した。

解き明かす

問題などを解いて、その意味を明らかにする。

ぼくは将来大人になったら、古代都市の謎を**解き明かしたい**と思う。

編み出す

独自のやり方を、工夫して考え出す。

ゾンビに囲まれたとき、すかさず逃げ出す技を**編み出した**。

くわだてる

計画を立てる。たくらむ。

略奪者は、村への侵攻を常に**くわだてている**ような気がする。

ことば攻略ポイント

過去をふりかえって考えることを「かえりみる」というけれど、「顧みる」と「省みる」のふたつの漢字がある。単純に昔のことを思い返すときは「昔を顧みる」、自分の心や行いをよく考えるときは「自分を省みる」と使うよ。

気づく

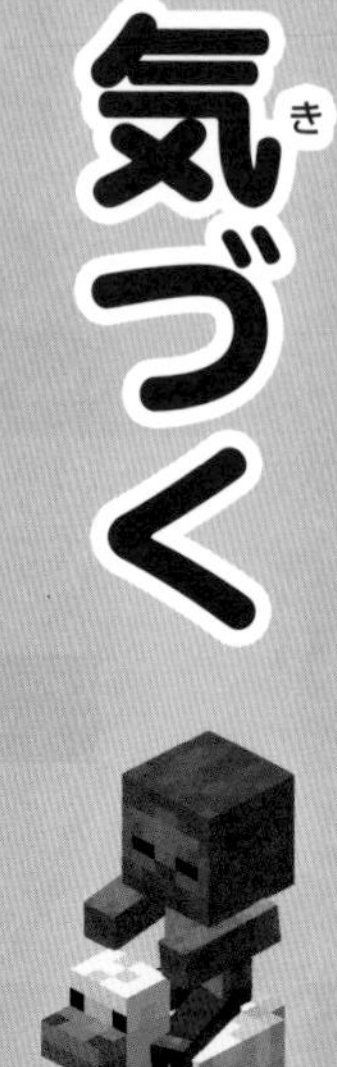

悟る

はっきりと理解する。気づく。

砂漠でハスクの大群に囲まれ、作戦の失敗を悟った。

思い至る

考えがいきつく。

これまでのプレイ時間を調べてみたら、1000時間を超えていた。算数の宿題が10000ページはできたなと思い至る。

心当たり

思い当たること。

レッドストーン装置が正しく動かなかった。実は失敗した原因にたるは心当たりがある。

目からうろこが落ちる

あることをきっかけにして、今までわからなかったことに気づく。

エンダードラゴンを効率よく倒すにはポーションを使えばいいと知ったとき、目からうろこが落ちた。

察知

気持ちや状況などを感じとって理解すること。

空が急に暗くなったので、大雨が降りそうだと察知した。

4

様子や程度を表すことば

元気

気力や活動させる力を表す「元気」の仲間を見てみよう。

威勢のいい

元気で力強い様子。

弟は「ゾンビなんて何体いても敵じゃない」と**威勢のいい**ことを言う。

活気にあふれる

元気があっていきいきとしている。

新しく見つけた村は大きくて、**活気にあふれている**。

馬力がある

力強く体力があり、活発な様子。

彼はパーティのみんなをぐいぐいと引っぱってくれる、**馬力がある**リーダーだ。

無病息災

病にかからず、健康で何事もなく過ごせること。

初もうでで、家族みんなの**無病息災**を祈った。

達者

体が健康で丈夫な様子。

長年飼っていた牛を逃がしてあげた。**達者**でね。

はつらつ

明るく元気がよいさま。

うちの馬はとてもスピードが速く、**はつらつ**としている。

旺盛

元気いっぱいで、意欲があふれていること。

覇気

やる気。意気ごみ。

ピグリンブルートはピグリンより強く、覇気すら感じる。

＋α のマイクラ攻略メモ

ピグリンブルートは、砦の遺跡を守るピグリンのボス的なキャラだ。ただ金に興味はないのか、金装備をつけていても一切お構いなしに攻撃してくるぞ。

馬は食欲が旺盛なのか、騎乗一発で絶対に懐かせるには、砂糖を33個も用意しないといけない。

様子・程度

いそがしい

息をつく暇もない

ひと休みする時間もない。

水中作業は酸素による時間制限があり、やることも多く息をつく暇もない。

立てこむ

仕事や用事などが一度にたくさん重なる。

漢字、計算の宿題、そのあとにマイクラ。今日は立てこんだ一日だった。

書き入れ時

商売で売れゆきがよく、いそがしいとき。

クリスマスシーズンはおもちゃ屋さんの書き入れ時だ。

手が回らない

やることが多くて、他のことをする余裕がない。

早く農業を安定させないといけないのだが、採掘もいそがしく手が回らない。

多忙

とてもいそがしい様子。

このところ多忙で、友達と手掛けているマルチ建築に参加できていない。

東奔西走

仕事などであちこちいそがしくかけ回ること。

東奔西走しているが、どうしても馬鎧が出てこない。

てんてこ舞い

いそがしくて休む暇もなく動き回ること。

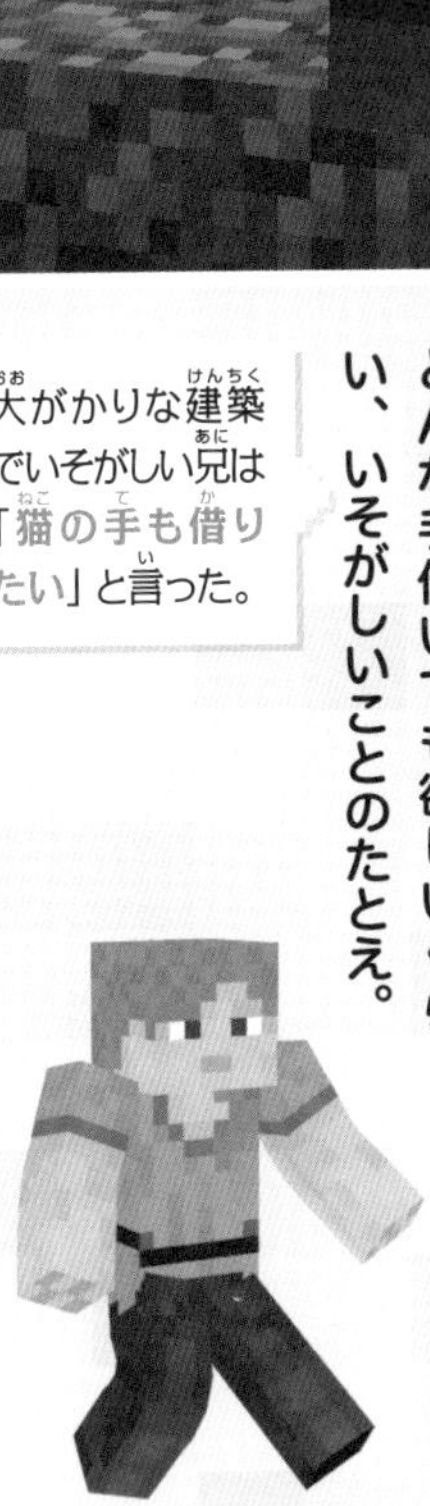

はじめてのマルチでネザーに行くことになり、準備だけでてんてこ舞いだ。

猫の手も借りたい

どんな手伝いでも欲しいくらい、いそがしいことのたとえ。

大がかりな建築でいそがしい兄は「猫の手も借りたい」と言った。

キーワード 採掘

「いそがしい」の仲間のことばを鉱石のマスにあてはめて、文章を完成させよう!

城建築のために
木材が必要で
□□□□□□で
集めている

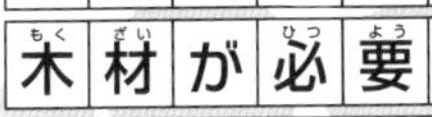

➡答えは308ページ

めずらしい

いつになく

いつもとちがって。めずらしく。

今夜はいつになくゾンビが多い。

風変わり

様子や行動がふつうとちがう。

バイオームの境目にある村は、雪原なのに木の家があったりと風変わりなことが多い。

稀

めったにない様子。とてもめずらしい様子。

古代の残骸が見つかるのは非常に稀だ。

前代未聞

これまで聞いたことがないような、めずらしいこと。

校長先生が全校朝会に遅刻するなんて、前代未聞の出来事だ。

突拍子もない

とんでもない。とっぴ。

弟は突拍子もないことを言って、家族をおどろかせることがある。

めったに

ほとんど。あまり。

馬が一度乗るだけで懐くことはめったにない。

空前絶後

今までに例がなく、これからも起こらないと思われるめずらしいこと。

マイクラ実況者のイベントには、空前絶後の数のファンがアクセスした。

未曾有

これまで一度も起きたことがないとても稀なこと。

近年、世界中で未曾有の自然災害が発生している。

例文クラフト

下のコマを並べ替えて、文章をクラフトしてみよう!

以上	マイクラは	売れ続け
空前絶後の	十年	ゲームだ
ている	まさに	世界中で

➡答えは308ページ

大切

必須

欠かせないこと。なくてはならないこと。

ポーション醸造にはブレイズロッドが必須だ。

重んじる

価値のあるものとして大切にする。

ぼくはマルチでも常に礼儀を重んじる。

珍重

たいへんめずらしいものとして大切にすること。

フグはあまりいない上に醸造にも使うので、かなり珍重されている。

かけがえのない

大切でかわりになるものがない。

転校した友達とマイクラで遊んだ日々は、かけがえのないものだった。

貴重

とても大切。とても価値があること。

ぼくの宝箱にあるもので、いちばん貴重なのは略奪者の旗だろう。

不可欠

なくてはならないこと。

建築が上手になるためには、日頃の練習が不可欠だ。

虎の子

ずっと大切に持ち続けているお金や品物。

後生大事

むかしから受けつがれている物事をとても大切にすること。

妹はいとこからもらった不死のトーテムを**後生大事**にしまっている。

敵に囲まれたので、**虎の子**の治癒ポーションを使った。

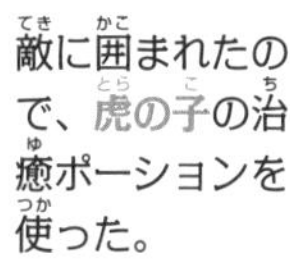

＋α のマイクラ攻略メモ

旗はただ1色に染めるだけではなく模様をつけることが可能だ。模様は6つまで重ねられる。略奪者の旗だけはクラフト不可能で、砦に飾られているものか、略奪者のリーダーから奪うしかない。

熱心

はげむこと、打ちこむことを表す「熱心」の仲間のことば。

明け暮れる

ひとつのことに集中する。

鉄が尽きないかと心配で、採掘に**明け暮れている**。

一心不乱

ひとつのことに集中して、他に心を乱されないこと。

ゲーム開始直後は**一心不乱**に木材集めだ。

没頭

何もかも忘れて、物事に熱中すること。

連休なので、朝からマイクラに**没頭**している。

寝食を忘れる

寝ることも食べることも忘れて、物事に熱中する。

マイクラ好きの弟は、**寝食を忘れて**攻略本を読みあさっていた。

ふける

心をうばわれる。熱中する。

明日テストがあるというのに、兄はマイクラに**ふけっている**。

やみつき

熱中しすぎてやめられなくなること。

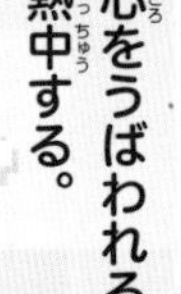

弟にマイクラを教えたら、**やみつき**になってしまった。

無我夢中

そのことに心がひかれて、他を忘れること。

生まれて初めてのマルチ対戦。無我夢中で戦った。

一意専心

わき目もふらず、ひたすらひとつのことに集中すること。

一流のクラフターを目指す兄は一意専心、建築に打ちこんだ。

＋α のマイクラ攻略メモ

ゲーム中盤での目標のひとつが鉄採取だ。地下坑道では壊れた鉄道のレールが狙い目だが見つけづらい。しかしメサには坑道が地上露出していることが多々ある。

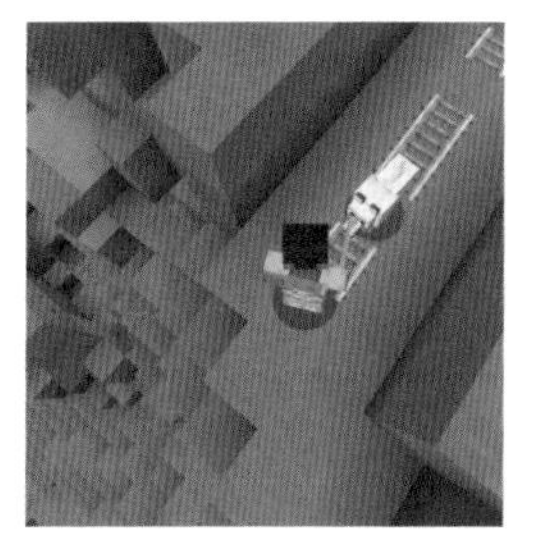

感じる

直感

すぐに物事の様子を感じとること。かん。ひらめき。

なぜかわからないが、この村の下に地下要塞がありそうだと直感した。

感触が得られる

物にふれて感じる。それとなく手ごたえを感じる。

プログラミング大会を前に、練習でいい感触が得られた。

痛切

心にしみるほど、深く感じる様子。

友達の上手な建築を見て自分には建築の才能がないことを痛切に感じた。

痛感

身にしみて、強く感じること。

準備不足でネザーに行くと、返り討ちにあうと痛感した。

催す

そのような気分や感じを起こす。

マルチプレイ中に眠気を催したので、少し休けいを取ることにした。

身にしみる

心や体に深く感じる。

いざというときの食料の大切さは身にしみている。

過敏

ふつうよりも、強く感じること。

何度もクリーパーの自爆で倒されているので、ちょっと過敏なくらい警戒してしまう。

嗅ぎ取る

気づく。感づく。

兄のいつもとちがう態度を見て、何かかくしごとをしていることを嗅ぎ取った。

＋α のマイクラ攻略メモ

地下要塞は当然地下にあるので、掘って探すしかない。実は村の地下は要塞生成率が格段に高いぞ。エンダーアイを投げると地下要塞に向かって飛んでいくので、まずは村からエンダーアイを投げてみるといいだろう。

正しい

正々堂々

態度や行いが正しく、立派な様子。

たとえスケルトン相手でも正々堂々と戦いたい。

厳正

ルールを守り、きちんと正しく判断するさま。

ぼくの管理しているワールドに入るには、厳正な審査を通る必要がある。

公明正大

やましいことがなく、どうどうとしているさま。

ぼくの好きな対戦サーバーの管理人は、実に公明正大なジャッジを下す。

公平無私

自分のことばかり考えず、みんな平等に考えること。

リーダーは公平無私な態度で、次のマルチ対戦に出るメンバーを選んだ。

正義

人の行うべき正しい道。

ゴーレムはたとえプレイヤーであっても村人を傷つけるものには容赦しない、正義の味方だ。

適正

ぴったり合っていて正しい様子。

エメラルドを発掘するための適正な高度を調べた。

潔白

心や行いが正しく、やましいところがないこと。

マルチでPKにあったと友達が訴えているが、ぼくは潔白だ。

真っ当

真面目なさま。まともなさま。

悪く言う人もいるが、彼女が言っていることは真っ当だ。

例文クラフト

下のコマを並べ替えて、文章をクラフトしてみよう！

しない	ものだ	真っ当な
家を	他人の	なら
決して	プレイヤー	壊したり

➡答えは308ページ

ちがう

異質

他と比べて性質がちがうこと。

スニッファーは自然には一切スポーンしないという**異質**なモブだ。

的外れ

大事な点を外していること。

昼間は絶対ゾンビに出会わないというのは**的外れ**だ。

違和感

しっくりしていなくて、落ちつかないさま。

砂漠の村に木があると**違和感**がある。

異常

ふつうとちがっていて変なところがあること。「異状」と書くと、いつもの状態とちがうことという意味になる。

草原バイオームで雪が降るのは**異常**だ。

お門ちがい

目指す方向をまちがえていること。見当ちがい。

マルチだからって、ゾンビに倒されてぼくに怒るのは**お門ちがい**というものだ。

矛盾

つじつまが合わないこと。

弟は口で言ったことと、実際にしていることが**矛盾**している。

雲泥の差

ふたつの物事の間にとても大きなちがいがあること。

厳しい練習の前とあとで、建築の腕前に**雲泥の差**が生まれた。

異なる

ちがう。同じではない。

バイオームがちがうと、村人の見た目も**異なる**。

キーワード 採掘

「ちがう」の仲間のことばを鉱石のマスにあてはめて、文章を完成させよう!

浅いところで
ダイヤを探すの
は□□□だ
深くを掘ろう

➡答えは308ページ

静か

息を殺す

息の音も聞こえないほど、静かにしている。

地下都市では気づかれないよう、**息を殺して**探索しよう。

しずしず

静かにゆっくりと動作を行うさま。

卒業式に参加する生徒たちが**しずしず**と入場した。

静寂

静まりかえって、ひっそりしていること。

略奪隊が去ったぼくの村は、**静寂**に包まれている。

閑静

物静かで、ひっそりとしている様子。

丘の上に、**閑静**な住宅街を建築しようかな。

水を打ったよう

その場にいるたくさんの人が静まりかえって、物音ひとつしない様子。

マイクラ実況者が舞台に姿を見せたとたん、**水を打ったように**静かになった。

うるさい

うるさい音の様子ごとにいろいろな表現があるよ。

騒々しい

人の声や周りの音がさわがしく、うるさいさま。

ピストンで自動装置を作ったが常時音を立てていて騒々しい。

けたたましい

とつぜん、びっくりするような高い音が鳴るさま。

村に侵入者検知装置を作った。糸を切るとけたたましく鐘が鳴る仕組みだ。

喧騒

人の声や周りの音でさわがしい様子。

都会の喧騒を離れて、大自然の中、キャンプを楽しんだ。

どよめく

ざわざわとさわぐ。音が鳴り響く。

友達がついにマイクラをクリアしたと報告した。クラス中がどよめいた。

騒然

ざわざわとさわがしい様子。

パトカーのサイレンが鳴り響いて、あたりは騒然としていた。

明るい

光が強くて物がよく見える様子を表す「明るい」の仲間だよ。

まばゆい

光が強すぎて、まともに見られない。かがやくように美しい。

ビーコンを稼働させるとまばゆいビームが発射される。

きらめく

きらきら光りかがやく。

金とダイヤを使い、きらめく小屋を作った。

さん然

きらきらと、明るく光りかがやくさま。

ぼくの作った灯台は、エンドロッドでさん然とかがやいている。

こうこう

きらめきかがやく様子。

ピラミッドの頂点に松明をつけた。遠くからでもこうこうと光っているのが見える。

さんさん

きらきらと明るく美しくかがやく様子。

さんさんと降りそそぐ砂漠の太陽の光を浴びた。真っ黒に日焼けしそうだ。

暗い

光が少ない様子や、気分がしずんでいる様子を表す「暗い」。

一寸先も見えない

ほんの少し先も見通すことができない。

地下坑道を見つけたが松明がなく、一寸先も見えない。

重苦しい

押さえつけられているようで気分が晴れ晴れしない。

採掘用の坑道は2x2の空間しかなく、どこか重苦しい。

どんより

空が曇って、重く、薄暗いさま。にごって澄んでいないさま。

急に空がどんよりとしてきた。雨が降るかも。

暗黒

真っ暗。暗闇。

地下要塞は光源が少なく、暗黒に包まれている。

陰うつ

気分がしずんで、晴れ晴れしないさま。

ネザーはどこも暗く、陰うつだ。

始まる・始まり

幕が開く

芝居や劇が始まる。物事が始まる。

マイクラで初となる、孤島プレイの**幕が開いた**。難易度はかなり高いはずだ。

皮切り

物事の最初。きっかけ。

ベッド作りを**皮切り**に、ぼくの拠点作りが始まった。

滑り出し

物事の始め。出だし。

スタート地点に村があった。いい**滑り出し**だ。

出はな

出始め。やり始め。「出ばな」ともいう。

開始地点が海だと、**出はな**をくじかれた気分になる。

序の口

物事の最初の段階。

ベッドが作れたが、これは冒険の**序の口**にすぎない。

起点

出発点。物事の始まり。

マイクラは、新しい友達作りの**起点**にもなっている。

起源

物事が最初に始まったり、生まれたりしたところ。

マインクラフトはサンドボックス型ゲームの**起源**ともいわれている。

再開

やめていたものをまた始めること。

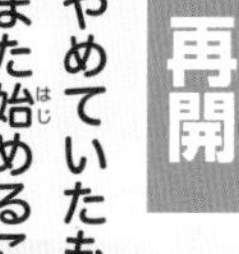

しばらく行っていなかった村の整備をそろそろ**再開**しようかな。

ことば攻略ポイント

「開く」にも始まるという意味があるよ。たとえば「山開き」「海開き」は、その年最初に山や海に入れる日のこと。ところが「お開き」は宴会などを終わりにするという意味に。「終わる」は縁起が悪いため「開く」にいいかえたんだ。

終わる・終わり

終盤
もうすぐ決着がつく終わりの場面。

ネザライト装備が全てそろった。冒険もそろそろ終盤だろう。

完結
続いていたものが完全に終わること。

お気に入りのマイクラ小説がついに完結してしまった。

締め
締めくくり。おしまい。

一日の締めにマイクラをプレイするのがぼくの日課だ。

幕切れ
芝居などで幕が閉まること。物事が終わること。

がんばってダイヤを採掘していたけど、溶岩に落ちた。あっけない幕切れだった。

結び
文章などの終わり。結末。

校長先生の結びのことばで、式典が終わった。

一段落
一区切りつくこと。

村を見つけ家を建てた。これで一段落といっていいかも。

土壇場

物事の最後の状態で、もう逃げ場がない場面。

大詰め

物事が終わりを迎える場面。

遠くにエンダードラゴン飛んでいる。冒険も大詰めだ。

ウィザー戦でもうダメだと思ったが、土壇場でアイアンゴーレムを作ることができた。

ことば攻略ポイント

「土壇場」は、その字の通り、土を盛って壇を作った場所のこと。江戸時代には、罪人の首を切る処刑場のことを「土壇場」といっていたようだ。そこから「最後の」状態を土壇場というようになったんだ。

止まる

静止

動きが止まること。じっとしていること。

ウォーデンが現れたら物音を立てないよう、静止しよう。

とどまる

動くことをやめて、そのやめた状態のままでいる。

遠出したいが、資源がとぼしいので、まだここにとどまろうと思う。

途絶える

物事が、途中で切れて続かなくなる。

頻繁にマルチで一緒になっていたフレンドと連絡が途絶え、心配している。

滞る

物事が順調に進まない。はかどらない。

兄は腕のけがで日課のマイクラが滞っている。

停滞

同じところにとどまって進まない。止まって動かない。

ネザーに行けないまま、冒険が停滞している。

きれい・美しい

優雅

美しくて気品がある。ゆったりしている。

ジ・エンドはエンダーマンの故郷。ここにいるエンダーマンはどこか**優雅**にすら見える。

清い

汚れやけがれのないさま。

あの政治家は、「**清い**政治を目指します」と強く主張した。

華麗

華やかで美しいこと。

友達の**華麗**なコントローラーさばきに感動した。

きらびやか

きらきらとかがやき、華やかで美しいさま。

骨など白いブロックでお城を作ると、**きらびやか**な雰囲気に見える。

可憐

愛らしく、いじらしい様子。

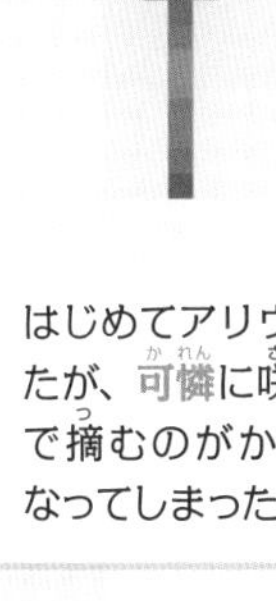

はじめてアリウムを見つけたが、**可憐**に咲いているので摘むのがかわいそうになってしまった。

すばらしい

圧巻

全体の中でいちばん優れている部分や場面。

エメラルドが6個、固まって生成されていて圧巻だった。

かがやかしい

光りかがやくようにすばらしい。立派。

友達は建築コンテストで優勝というかがやかしい記録を持っている。

目覚ましい

おどろくほどすばらしい。

市のマイクラプログラミング大会で、兄は目覚ましい記録を打ち立てた。

目をうばわれる

あまりにも美しく立派で、思わず見とれてしまう。

マインクラフトでも夜明けは目をうばわれるほど美しい。

類いない

他に比べるものがない。

メサは起伏の激しい荒野のレアバイオームで、雄大さは類いない。

際立つ

ひときわ目立つ。

いつも四人でマルチを遊んでいるが、そのうちひとりは際立って戦闘が上手い。

尊い

とても価値が高い。高貴である。

好きな人がくれたツルハシは、私にとって尊い宝物だ。

金字塔

歴史に残る優れた成果。

マインクラフトは人類史上もっとも売れたゲームという金字塔を打ち立てた。

例文クラフト

下のコマを並べ替えて、文章をクラフトしてみよう!

ぶりで	を	戦い
倒した	は	目覚
ウィザー	ましい	弟

➡答えは308ページ

すごい

物事の程度が通常を超えているという「すごい」の仲間だよ。

神業

神にしかできないほどの技術や行い。

大量のゾンビに囲まれたが、全て撃退した。友達が神業だと言ってくれた。

著しい

変化などがはっきりわかるほど目立っている様子。

一か月間建築を特訓していた弟は、著しく腕をあげている。

途方もない

ふつうとかけはなれている様子。

友達が作っているお城は途方もなく大きい。

はなはだしい

ふつうの状態をはるかにこえている様子。

今回の襲撃イベントではなはだしい被害を受けてしまった。

すさまじい

恐ろしいほど激しい。ものすごい。

ウィザーの爆発攻撃は、すさまじいものだった。

猛烈

勢いなどがとても激しいさま。

ウォーデンの猛烈な攻撃には、一分もたえられないだろう。

とてつもない

ふつうでは考えられない。

村にとてつもなく大きなマンションを建てた。

桁がちがう

比べられないほど、大きなちがいがある。

有名クラフターが作る家は、ぼくの家とは桁がちがう。

例文クラフト

下のコマを並べ替えて、文章をクラフトしてみよう!

生配信で	いた	とてつもなく
建てて	大きな	クラフターが
を	ビル	有名な

➡答えは308ページ

新しい

いろいろな場合に使う「新しい」という意味のことばを集めたよ。

革新的

これまでの制度や組織などを改めて、新しくすること。

本当に動く車、という**革新的**なレッドストーン回路を作った。

目新しい

今まで見たことがないめずらしさがある。「真新しい」は、本当に新しいこと。

おしゃれな彼は**目新しい**スキンを持っていた。

新鮮

新しくていきいきしている様子。汚れがなくすがすがしい様子。

新モブが追加された。見ているとやはり**新鮮**で楽しい。

新規

今までとは別に、新しく始めること。

ぼくのマルチワールドでは常に**新規**ユーザーを募集をしている。

まっさら

新しいこと。まったく使っていないこと。

ゾンビに倒された。**まっさら**な状態でリスポーンだ。

今風

今の世の中のはやり。

フレンドが作る家は、**今風**でとてもおしゃれだ。

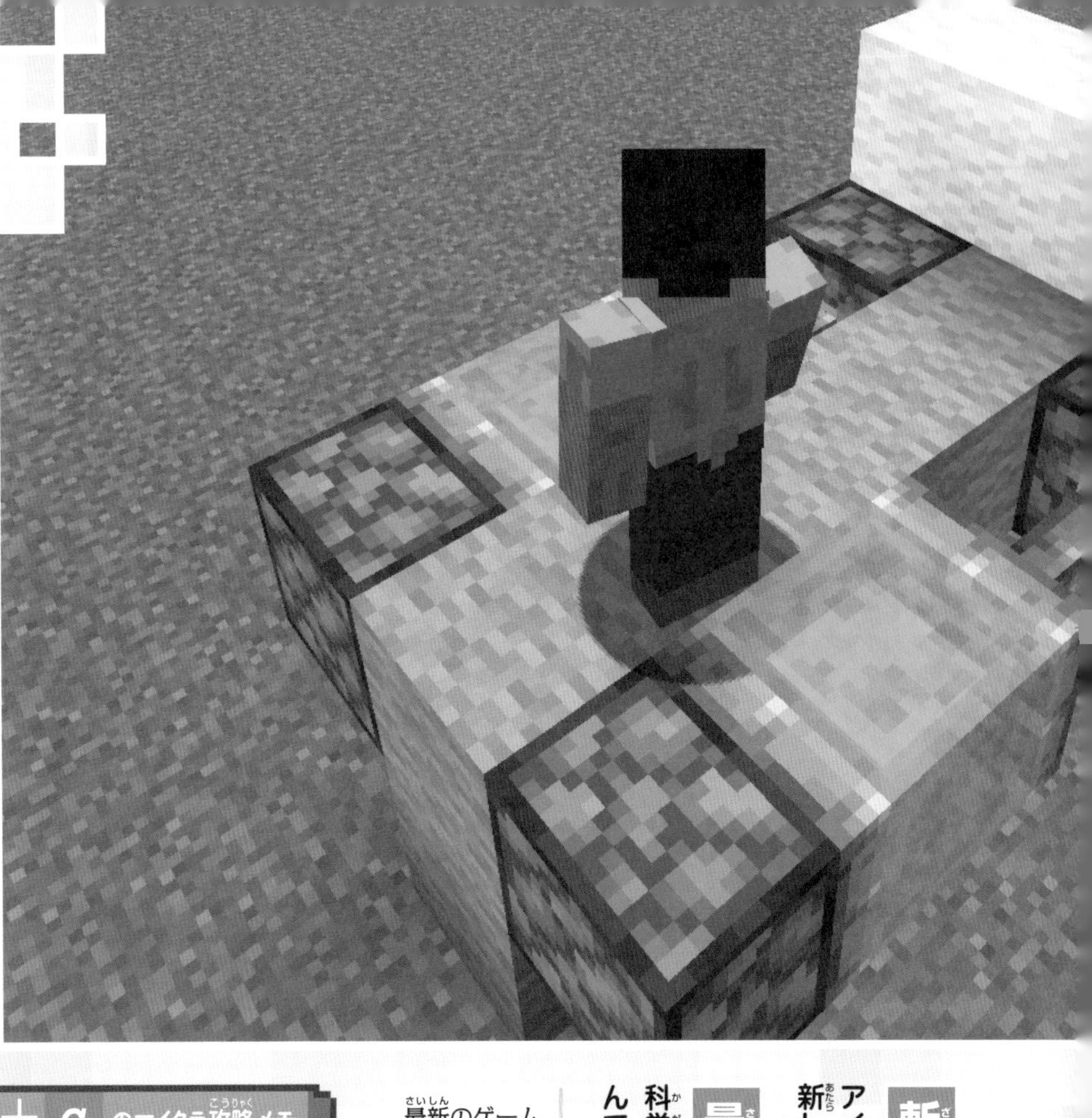

斬新

アイデアなどが、今までにないほど新しいこと。

最先端

科学や技術、知識などが、もっとも進んでいること、いちばん新しいこと。

最新のゲーム機には、最先端の技術がつまっている。

今話題のマイクラのマンガは、ストーリーがとても斬新でおもしろいようだ。

＋α のマイクラ攻略メモ

新しく登場するアルマジロ。同時追加のアルマジロの甲羅は、ドロップアイテムなのに倒しても落とさない。なんと生きてるアルマジロにブラシを使うことで、ドロップするんだ。

古い

旧式

古い形式や方法、考え方。

観察者は当初存在しなかった。旧式の設計だと、ピストンのバグを利用してBUD回路というものを使っている。

古めかしい

いかにも古く見える。

ぼくの家は、古めかしいお店のイメージで建築した。

おんぼろ

使い古してとてもいたんでいるさま。ぼろぼろ。

あえておんぼろな小屋を建てて、廃墟の村を作った。

大時代

古めかしくて時代おくれな。

エリトラがロケット花火で滑空できなかったときは、エリトラ発射塔を作ったものだが、今となっては大時代な装置だ。

色あせる

古くなって色が薄くなる。新鮮さがなくなる。

色あせた写真には、父と母の若い頃の姿が写っていた。

陳腐

ありふれていて新しさに欠け、つまらない様子。

レッドストーン回路を設計しているが、どこかで見たような陳腐なものになりがちだ。

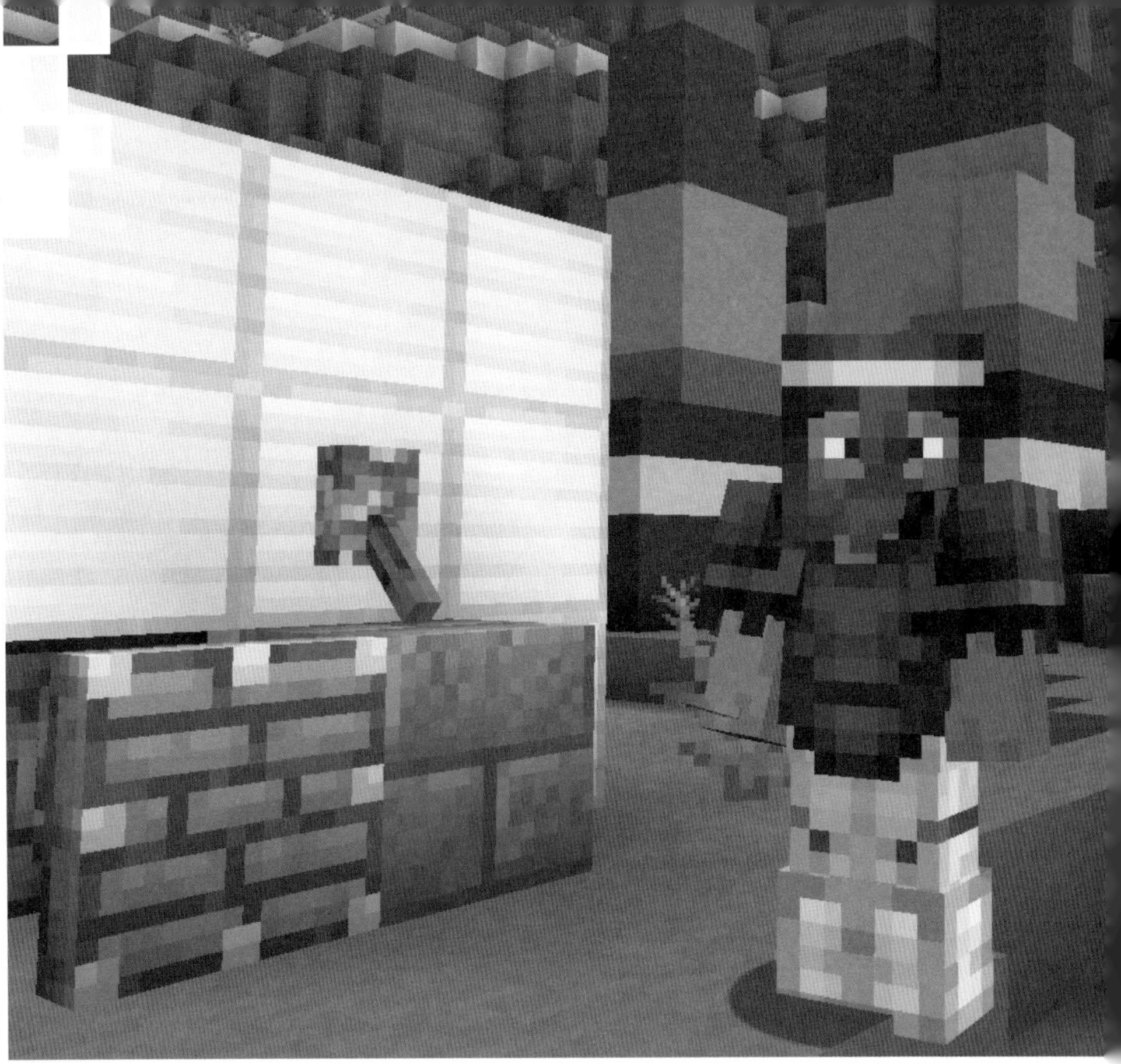

古風

今っぽくなく、古めかしいさま。

ぼくの建築は、どこか古風なたたずまいだ。

旧態依然

昔のまま変わっていない様子。

新しい村に移り住んでみたら、これまで住んでいた村が旧態依然とした村だったことを実感した。

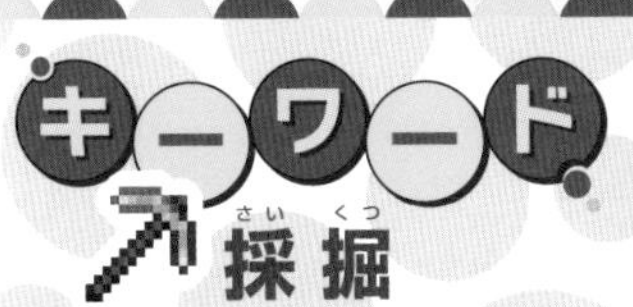

採掘

「古い」の仲間のことばを鉱石のマスにあてはめて、文章を完成させよう！

➡答えは308ページ

速い

時間がかからない、スピードがあるという意味の「速い」だよ。

電光石火

動作などが非常にすばやいこと。

周りをハスクの大群に囲まれた。電光石火の剣さばきでなんとかピンチを脱したぞ。

目にも留まらぬ

しっかり見ることができないほど、速い様子。

おなかがすいていた弟は、目にも留まらぬ速さで、ステーキをほおばった。

速やか

すぐに。速く。

どこからかウォーデンの声がした。速やかに撤退すべきだろう。

機敏

心の動きや動作が、すばやい様子。

ぼくは敵のどんな攻撃も機敏に避けられる自信がある。

急速

物事の進みがとても速い様子。

妹は先月マイクラを始めたばかりなのに、急速に上手くなっている。

全速力

出せる最大のスピード。

空腹の状態で夜になってしまったので、全速力で家にもどった。

脱兎のごとく

逃げるうさぎのように、とても速いことのたとえ。

矢のように

とてもすばやいことのたとえ。

落下ダメージを受け、瀕死のところに多数のゾンビが。ぼくは脱兎のごとく逃げ出した。

先月、アップデートがあったが、また近く追加があるとのこと。矢のように進化していくのがマイクラだ。

キーワード 採掘

「速い」の仲間のことばを鉱石のマスにあてはめて、文章を完成させよう!

エンダーマンは

の

スピードで

ワープ移動する

➡答えは308ページ

おそい

時間がかかる様子や間に合っていない様子を表す「おそい」だよ。

後の祭り

手おくれで、もうどうにもならないこと。

建物を補強しようと黒曜石を集めてきたけど、クリーパーに爆破された今となっては**後の祭り**だ。

十日の菊、六日の菖蒲

タイミングをのがして、今さら役に立たないことのたとえ。

割引券の期限が一日すぎていた。**十日の菊、六日の菖蒲**だ。

もたつく

もたもたする。思うように進まない。

マルチにまだ慣れていないので、動きが**もたついて**しまう。

緩慢

動きがゆったりしていること。のんびりしていること。

他のモブに比べて、牛は際立って**緩慢**な動きをする。

おくればせ

おくれてやってくること。

おばあちゃんが、「**おくればせ**ながら」と言って、誕生日プレゼントにアレイのTシャツをくれた。

時すでにおそし

タイミングをのがして、打つ手がないこと。

火を見つけ急いで走ったが、時すでにおそし。家はすでに燃えてしまった。

手おくれ

問題を解決するのがおそすぎて、もう何もできない状態。

雷のせいで火事が起きたと気づいたときにはもう手おくれで、丸焼けになっていた。

牛の歩み

進み具合がおそいことのたとえ。

整地作業は本当につまらない。気分転換のために周りを散歩したりしているので、作業は牛の歩みだ。

ことば攻略ポイント

「十日の菊、六日の菖蒲」がなぜ「おそい」という意味になるのか。それは節句に関係している。菊は九月九日の重陽の節句、菖蒲は五月五日の端午の節句で飾る花。節句の日をすぎてしまっては意味がないということだ。

強い

ここでの強さは丈夫でしっかりしているという意味だよ。

強烈

とても強くて、激しい様子。

食料不足だが乾燥した昆布は食べたくない。しかたなくフグを食べたら、**強烈**なめまいがした。

丈夫

強くて壊れにくい。体が元気で病気にかかりにくい。

家の土台は**丈夫**な黒曜石がおすすめだ。

がっしり

しっかりしていて、ぐらぐらしない様子。

建築をするときに木材ではなく石を多く使うと、**がっしり**とした作りになる。

強靭

強くて、しなやかなさま。曲がったり折れたりしにくい様子。

ネザライトのツルハシはマイクラでいちばん**強靭**だ。

頑丈

強く、しっかりしていて壊れにくい様子。

エンドシティは石作りで**頑丈**な作りになっている。

強固

強くて、とてもしっかりしている様子。

山の上に壁と塔を作って村の守りを**強固**なものとした。

根強い

昔から残り続けていて、簡単には変わらないさま。

2009年のリリース以来、マインクラフトは根強い人気を誇っている。

鉄壁

まるで鉄でできた壁のように、守りがかたいこと。

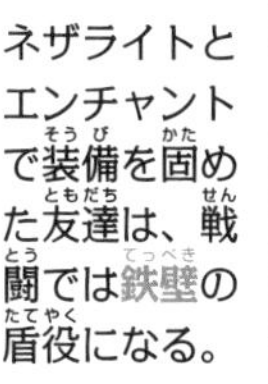

ネザライトとエンチャントで装備を固めた友達は、戦闘では鉄壁の盾役になる。

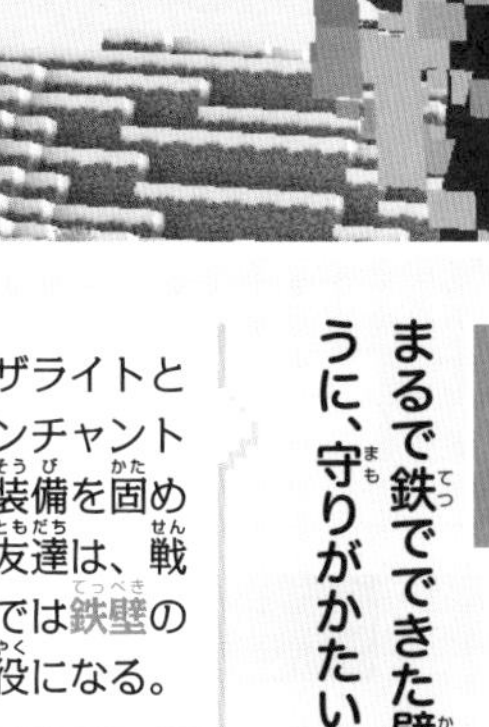

例文クラフト

下のコマを並べ替えて、文章をクラフトしてみよう!

素材は	もっとも	マイクラで
強靭	だ	な
かつ	希少	ネザライト

➡答えは308ページ

弱い

力が少ない、壊れやすく丈夫でないという意味の「弱い」。

微力

力が弱く足りないこと。

スノーゴーレムは微力ながらも一緒に戦ってくれる。

なよなよ

力がなくてやわらかいさま。自信がなく弱々しいさま。

個人的に、アレックスのスキンはなよなよしていて好きではない。

へなへな

力がぬけて、弱々しい様子。

帰宅できたと思った瞬間に、クリーパーに倒されへなへなと崩れ落ちた。

やわ

丈夫でなく弱々しい。

水抜き作業くらいで疲れたなんて、やわだなあ。

脆弱

もろくてたよりない様子。

襲撃に備えて、村を砦のように壁で囲ったが、まだまだ脆弱だろう。

弱々しい

元気がなくて、弱そうな様子。

村で見かけた子ネコは、とても弱々しく「ニャーニャー」と鳴いていた。

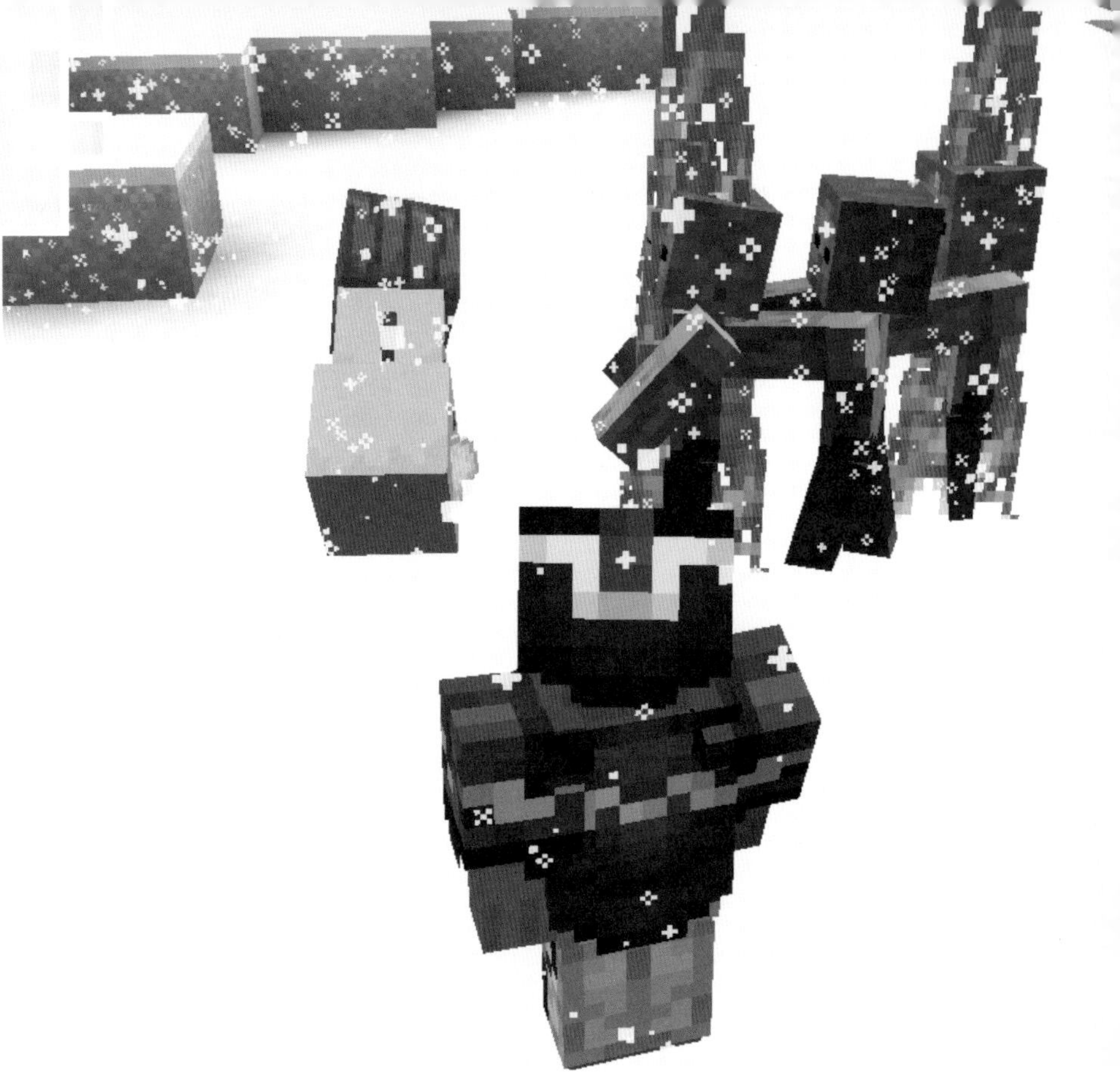

もろい

力を加えると壊れやすい。くだけやすい。

もろい素材でできた家は、クリーパーやウィザーの攻撃ですぐ壊れてしまう。

弱小

力がほとんどなく、弱いさま。

マイクラクランを立ち上げた。といってもまだ三人のみで、弱小もいいところだ。

＋α のマイクラ攻略メモ

プレイヤーキャラクター、いわゆる自キャラの見た目は自由に変えられるぞ。スマホ・タブレット、PCでの統合版であれば、無料で配布しているものも使えるよ。ゲーム機版は公式ストアから入手できるぞ。

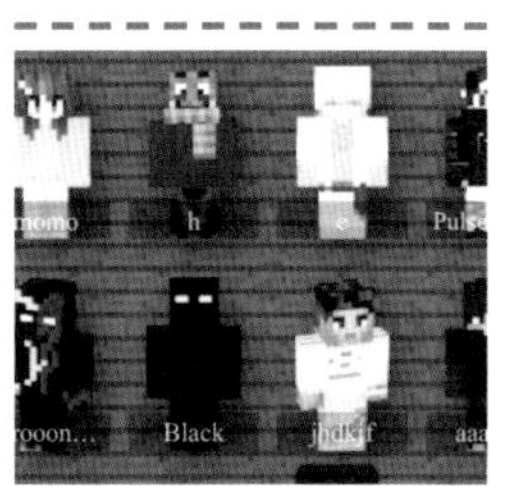

多い

「多い」の仲間のことばは物事や状況によってさまざまあるよ。

おびただしい

数や量が、とても数えきれないほどたくさんある。

ようやく終盤。ここまで来るのにおびただしい数のゾンビを倒してきた。

山積み

高く積み重なっていること。仕事などがたくさんたまっている様子。

やっと地下拠点を作ったが、まだまだ畑の整備などすることが山積みだ。

なみなみ

あふれそうなほどいっぱいである様子。

家にプールを作った。さあ、バケツで水をなみなみと注ごう。

鈴なり

ひとつの場所に木の実がたくさんぶら下がっていたり、人が集まっていたりする様子。

ふつうは一個だけのハチの巣が、めずらしく鈴なりになっている。

束になって

大勢の人が一緒になって。

束になって襲いかかっても、スノーゴーレムではゾンビー匹倒せない。

豊富

豊かで、充分にあること。

湿原バイオームには、スライムボールが豊富にある。

膨大

数や量がとても多い様子。

採掘していると、膨大な量の土と石が出てくる。

ごまんと

とてもたくさんあるさま。

地下にはゾンビがごまんといる。

キーワード 採掘

「多い」の仲間のことばを鉱石のマスにあてはめて、文章を完成させよう!

マイクラが
手に入ったら
したいことが

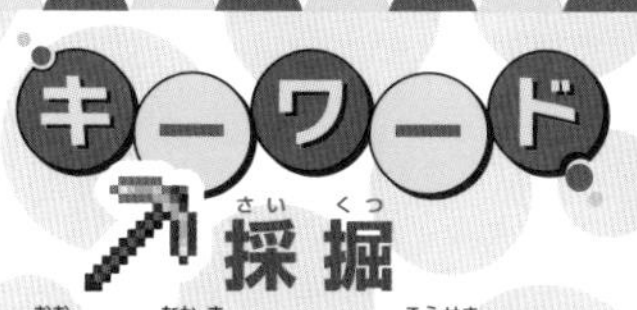

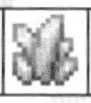

ある

➡答えは308ページ

少ない

なけなし

ほんの少ししかないこと。

たった二個しか持っていないなけなしの骨を与えて、オオカミを仲間にした。

すずめの涙

非常に少ないことのたとえ。

ダイヤはもう数えきれないくらい入手したが、見つけたエメラルドはすずめの涙だ。

若干

いくらか。それほど多くはないこと。

週末行われるイベントのチケットが、まだ若干残っているそうだ。

希少

とてもめずらしくて少ないこと。

マイクラでもっとも希少な資源は古代の残骸だ。

ささやか

規模が小さいさま。

ささやかだけど、やっと家を建設できた。

いささか

少し。わずか。

ずっとネザーを攻略しているがいささかつかれてきた。

まばら

物と物の間にすきまがあって、数が少ない様子。

今のマイクラは村生成率がかなり高くなった。数年前は、もっとまばらにしかできなかったのだ。

わずか

ほんの少し。

採掘途中だが、残った食料はわずかパン二個。もう帰還すべきだろうか。

ことば攻略ポイント

中国から伝わったことばに「九牛の一毛」というのがあるよ。「九牛」はたくさんの牛を表し、その中の一本の毛という意味。それほどわずかで取るに足らないということだ。「九牛の一毛のミスだから気にしなくていいよ」などと使う。

大きい

甚大

被害などがとても大きい様子。

三体のクリーパーが目の前で自爆。被害は甚大だ。

大掛かり

手がこんでいて、規模が大きいさま。

友達を落とし穴に誘いこむために、大掛かりなトラップを作った。

雄大

規模がとても大きく立派な様子。

苦労して登った山の頂上から雄大な景色を見て、とても感動した。

大物

獲物などで形が大きなもの。ある分野で力を持っている人。

釣りをするときはガラクタではなく大物の魚を狙いたい。

広大無辺

どこまでも広く大きく、はてしないこと。

今、冒険している大陸は、どこまで行っても海に出会わず、広大無辺だ。

天文学的

宇宙や天体を研究する天文学で使われるぐらい、大きな数であるさま。

やっとお城が完成した。使ったブロック数は天文学的な数字だ。

無限大

かぎりなく大きいこと。

建築、回路、マルチとマイクラの可能性は無限大だ。

拡大

広がって大きくなること。

マイクラは年二回のアップデートで、要素が拡大されている。

＋α のマイクラ攻略メモ

マイクラの釣りはちょっと地味なミニゲームだ。しかし宝釣りエンチャントをつけると、無限つき弓がゲットできることも。なおバケツの水を１マス流しただけの穴でも、海など同じように釣れるよ。

小さい

コンパクト

小型でまとまっていて、あつかいやすい様子。

チェストは上にブロックがあると開かないが、樽は開く。そのため、樽はコンパクトな収納ブロックとして使えるぞ。

たわいない

手ごたえがない。しっかりとした考えがない。「たわいのない」ともいう。

マルチでたわいのない会話をしているのがいちばん楽しい。

ちんまり

ちょうどいいくらいに小さくまとまっている様子。

大きな家を作る前に、練習としてちんまりした小屋をいくつも作った。

取るに足りない

大事ではない。ささいなことで気にするほどでもない。

二年も同じワールドで冒険しているので、食料不足なんて取るに足りない問題だ。

猫の額

場所がとてもせまいことのたとえ。

新たに冒険を開始したが、猫の額ほどの小さな島しかなく、やりなおそうかなやましい。

小規模

規模が小さいこと。

家が四軒しかない小規模な村を発見した。

零細

とても規模が小さいこと。

古くからこの辺りには、零細な町工場がたくさんある。

ささい

わずかなさま。ちょっとしたこと。

兄弟げんかのきっかけは、ほんのささいなことだった。

ことば攻略ポイント

小さくても中身は優れているという意味のことわざに「さんしょうは小粒でもぴりりとからい」というのがある。さんしょうの実はとても小さいが、独特のからみがありどんな料理に入れてもすぐわかるのだ。ほめことばとして使えるよ。

様子・程度

よい

質や程度、状態などが優れている様子を表すことばを集めたよ。

好調

調子や具合がよいこと。

初めて見つけたエンドシティの横にエンドシップがあった。非常に好調な出だしだ。

良好

状態がよくて、好ましいこと。

住んでいる村では、村人との関係が良好だ。

上等

とても優れていてすばらしいこと。

インテリア建築が得意な弟が、上等なテーブルと椅子を作てくれった。

絶好

あることをするのに、とても都合がいいこと。

ゾンビの群れの中にクリーパーもいる。ゾンビ頭を入手する絶好のチャンスだ。

好ましい

感じがよい。好きである。

彼女の拠点は白で統一されていて好ましい。

殊勝

行いや心がけなどが感心なさま。特に優れていること。

弟は殊勝にも、冒険の前には必ず資源集めをするという。

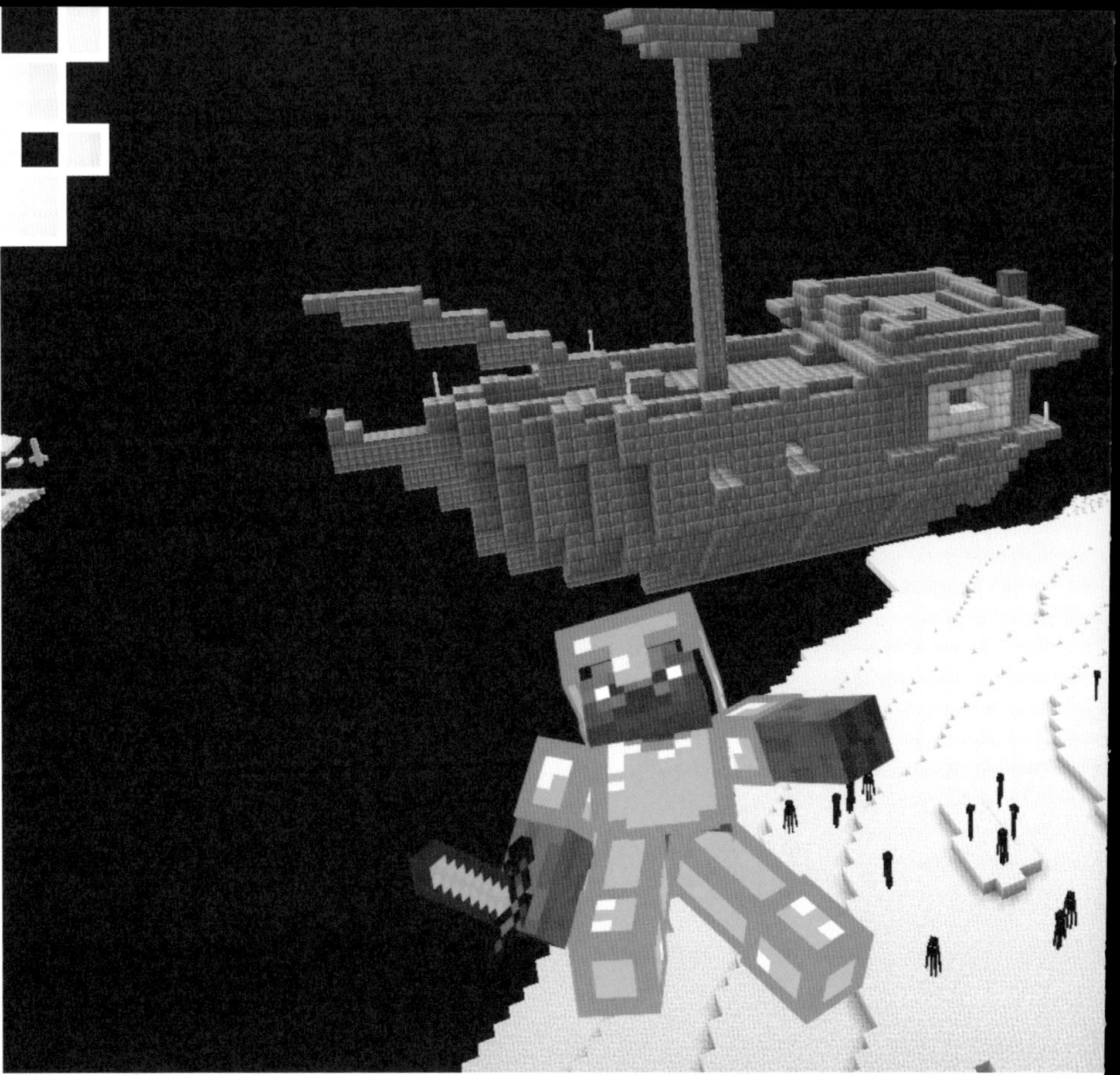

順風満帆

とても順調に進んでいること。

冒険開始地点が村。しかも牛もいる。順風満帆な出だしだ。

好評

評判がよいこと。

がんばって作ったお城がフレンドにも好評で、とてもうれしい。

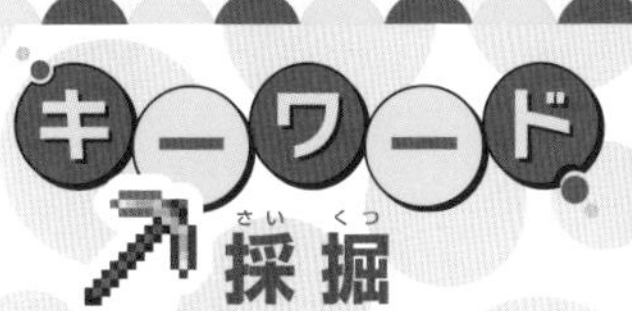

キーワード 採掘

「よい」の仲間のことばを鉱石のマスにあてはめて、文章を完成させよう!

マ	ル	チ	で	会	っ	た
同	い	年	の	子	と	は
□	□	な	関	係	を	
築	け	て	い	る		

➡答えは308ページ

悪い

人のすることとしてよくない、劣っているという意味を持つ「悪い」の仲間のことば。

悪化

状況などが悪くなること。

資源が少ないので遠出したが、行けども行けども砂漠で事態が悪化した。

悪徳

人としてやってはいけない悪い行い。またはそのような心。

悪徳商法にだまされるプレイヤーが増えているそうだ。

腹黒い

心の中に悪い考えを持っていてずるい。

彼は、口ではよいことを言っていても、実は腹黒い考えを持っている。

風上にも置けない

行いや性質などがよくない。

マルチで他のプレイヤーを攻撃するなんて、クラフターの風上にも置けない。

よこしま

考え方が正しくないこと。

他のプレイヤーを倒せば装備が手に入る、なんてよこしまな考えが一瞬脳裏をよぎった。

あくどい

物事のやり方が悪い。

あくどい方法を使って勝つなんて、彼はひきょうものだ。

残忍

平気でひどいことをするさま。

クリーパーはゾンビなども容赦なく自爆に巻き込む残忍さがある。

劣悪

状態などがひどく劣っていて、悪い様子。

友達の作った馬小屋を見つけた。劣悪な環境だったので、こっそり馬を逃してやった。

ことば攻略ポイント

「風上にも置けない」という慣用句は、風上に悪臭を発するものがあると、風下では臭くて困ってしまうということからできた。だから、周りの人に悪影響をもたらす人を憎んで使うことが多いんだ。

ふつう

変わったところがない、あたりまえな様子を意味することば。

平均的

あるまとまりの中で、ふつうであるさま。

ウィザースケルトンは体力こそ平均的だが、攻撃力が高いうえに衰弱のデバフ効果がやっかいだ。

ありふれた

どこにでもある。ふつうである。

マイクラでもっともありふれたブロックは、やはり土だろう。

通常

ふつうの状態。いつも通り。

お正月も通常通りマイクラで遊ぶ。

無難

優れているわけではないが悪いところもないこと。

かっこいい建物を作ろうとしたが、結局無難でシンプルな形の建物にした。

原則

基本的な決まりごとや規則。

レッドストーンは混線させないのが原則だが、例外もある。

日常茶飯時

いつものこと。

拠点はゾンビの襲撃を受けるのが日常茶飯時になっている。

変哲もない

これといった変わったところもない。ふつう。

一般的

広く共通していて、ふつうのこと。

ウールはなんの変哲もない白いブロックに見えるけれど、好きな色に染色できる。

マイクラでごく一般的な食料といえば、パンやステーキだろう。金のリンゴや乾燥した昆布を食べている人はめずらしい。

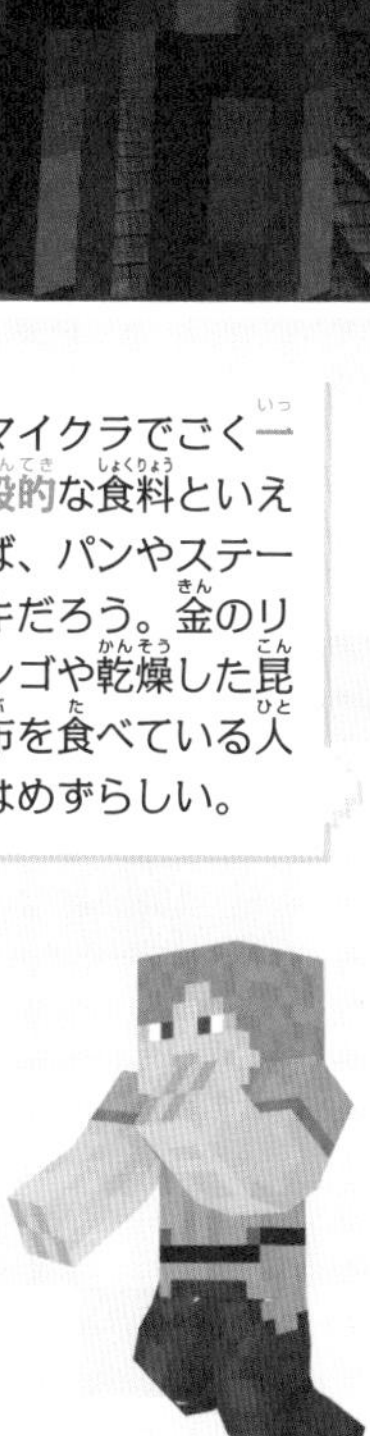

＋α のマイクラ攻略メモ

最近のRPGなどでは、いいステータス効果をバフ、悪いものをデバフということが多い。ウィザーなどがかけてくる「衰弱」は、2秒ごとに体力が1減っていくというデバフ。毒とちがって死ぬまで減っていくよ。

簡単

「簡単」とはこみ入っていない、手間がかからないという意味。

容易

やさしい様子。たやすい様子。

略奪者の砦を攻略するのは**容易**とは言い難い。

たやすい

やさしい。簡単だ。

マイクラアスレチック経験者からしたら、4マスジャンプは**たやすい**ことだ。

朝飯前

とても簡単なこと。

ゾンビとの戦闘くらいならもう**朝飯前**だ。

事もなげ

特別なことではないかのように平気なさま。

兄は**事もなげ**に複雑なレッドストーン回路を作り上げる。

安易

簡単にできること。

安易に回路を作っても、まず上手く動作しないのがレッドストーンだ。

おいそれと

気軽に。よく考えないで。

古代都市探索は**おいそれと**手を出すべきじゃない。レアアイテムもあるが、危険なんだ。

軽々

らくらくと。簡単に。軽そうに。

ゴーレムはゾンビを軽々と退治していく。

お茶の子さいさい

簡単なこと。

この本を読めば難しいことばを覚えるのも、お茶の子さいさいだ。

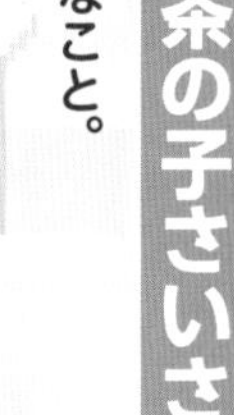

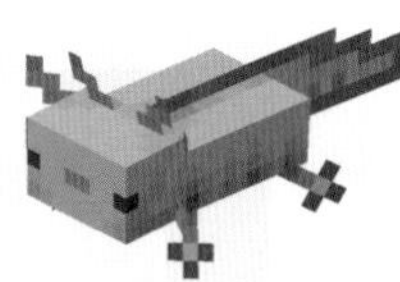

ことば攻略ポイント

「お茶の子さいさい」っておもしろい響きだよね。「お茶の子」はお茶と一緒に出すお菓子のこと。軽く食べられることから、簡単にできるという意味に。「さいさい」は昔の歌のはやしことば。「簡単なことだよ、さあさあ！」と調子よく言っているよ。

難しい

「難しい」とは簡単に実現できない、わかりにくい、面倒だという意味。

無理難題

ふつうには達成できない、とても難しい問題。

友達にマルチしようと言ったら、ドラゴンの頭を持ってきてからだと言われた。その友達は他の四人にも無理難題を出したそうだ。

困難

やりぬくことがとても難しいこと。

ポーションを作るのは初心者には困難だ。

歯が立たない

かなわない。難しすぎてできない。

彼にはマイクラでは負けないが、なわとびでは歯が立たない。

ハードルが高い

目標が高く、それを乗りこえることが難しい。

今度のマイクラプログラミング大会で予選を突破するのは、ハードルが高い。

手に余る

自分の力をこえていて、どうにもできない。

レッドストーン回路はとても複雑で、一から作るのは手に余る。

手に負えない

自分の力ではどうにもできない。

ウィザーは今のぼくの手に負えない。

やっかい

面倒なこと。わずらわしいこと。

エンダーマンは目があうと敵対化する、実にやっかいな中立モブだ。

さじを投げる

見こみがないため、あきらめる。

レッドストーンを使った計算機を作ろうとしたが、難しすぎてさじを投げた。

ことば攻略ポイント

「さじを投げる」は、医者が「もう何をしてもダメだ」と治療をあきらめ、薬を調合するスプーン（さじ）を投げてしまう様子からできたことば。「どうしてもクリアできない！」とコントローラーを投げたくなるような状況で使うよ。

キーワード採掘の答え

17ページ	すがすがしい	239ページ	健闘
37ページ	身を切られる	251ページ	てんてこ舞い
41ページ	無念	263ページ	的外れ
163ページ	使いこなす	281ページ	古めかしい
179ページ	流出	283ページ	電光石火
201ページ	変動	291ページ	ごまんと
221ページ	披露、公開	299ページ	良好

例文クラフトの答え(例)

19ページ	ムシぎらいの私はマイクラのクモを見ただけで虫唾が走る
45ページ	ゴーストタウンに村人がもどり村は平静を取りもどした
123ページ	いとこと一緒にマイクラをすると自由奔放すぎてつかれてしまう
171ページ	パンダをひと目見たくて初めて竹林バイオームに訪れた
183ページ	建てたばかりの家をクリーパーに壊されたがすぐにやり返した
193ページ	マルチをしたいけどマイクラ好きの友達が少なくてなかなか踏み出せない
195ページ	長引くウィザー戦でもうボロボロだがこの一撃でけりをつけたい
207ページ	マルチでネザーに行こうと話がまとまりかけたがつい口をはさんでしまった
217ページ	次のアップデートではかわいい中立モブが登場すると小耳にはさんだ
241ページ	ここを掘っても何も出ないかもという迷いを吹っ切って採掘をすすめた
253ページ	マイクラは世界中で十年以上売れ続けているまさに空前絶後のゲームだ
261ページ	真っ当なプレイヤーなら決して他人の家を壊したりしないものだ
275ページ	弟は目覚ましい戦いぶりでウィザーを倒した
277ページ	有名なクラフターが生配信でとてつもなく大きなビルを建てていた
287ページ	マイクラでもっとも希少かつ強靭な素材はネザライトだ

※この他にも意味が通る例文がクラフトできる場合があります。

アイテム発掘！ ことばパズル の答え

56ページ	アイテム	ことば
問題1	はしご	目を丸くする
問題2	かまど	いまいましい
問題3	焼き鳥	手持ちぶさた
問題4	砂岩	石の上にも三年
問題5	真紅の菌糸	四苦八苦

204ページ	アイテム	ことば
問題1	木炭	竹を割ったよう
問題2	鉄の延べ棒	こっけい
問題3	泣く黒曜石	心機一転
問題4	タンポポ	ポジティブ
問題5	石の階段	頭角を現す

の答え

57ページ 答え ➡ Ⓑ

■ 正しい組み合わせ

- 頭をかかえる
- 顔色をうかがう
- 眉をひそめる
- 度肝をぬく

205ページ 答え ➡ Ⓒ

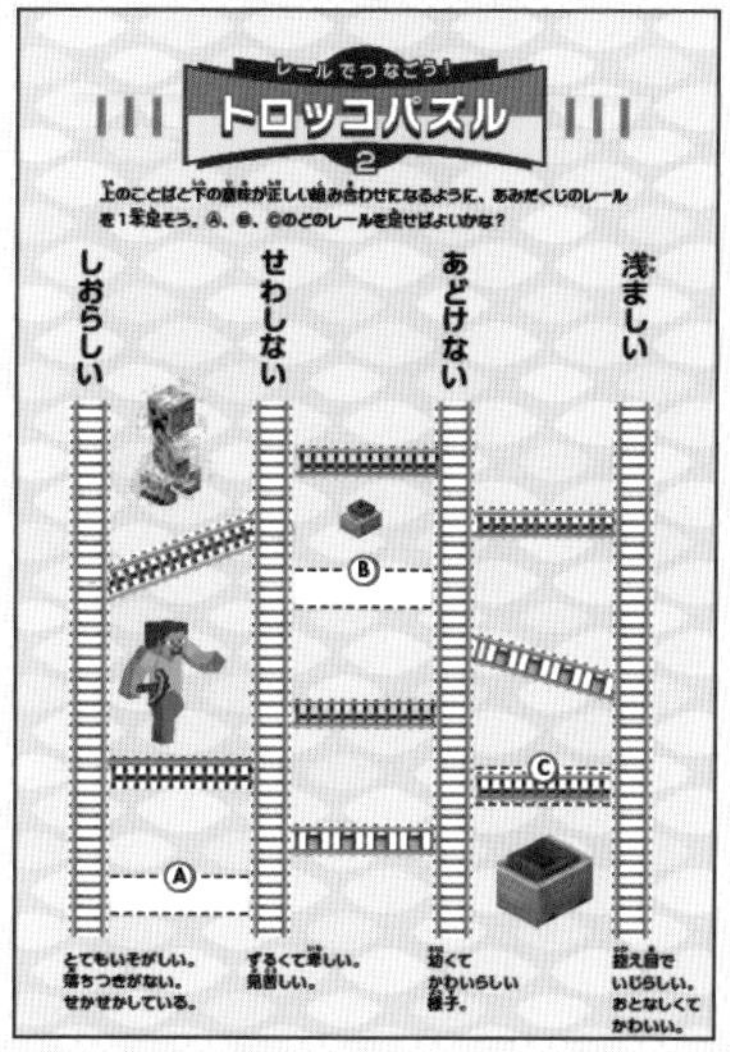

■ 正しい組み合わせ

- しおらしい→控え目でいじらしい。おとなしくてかわいい。
- せわしない→とてもいそがしい。落ちつきがない。せかせかしている。
- あどけない→幼くてかわいらしい様子。
- 浅ましい→ずるくて卑しい。見苦しい。

さくいん

赤の太字…キーワード
(★)…コラムのことば攻略ポイントで紹介していることば

あ

い

き

監修者　小木曽智信（おぎそ としのぶ）
国立国語研究所教授。総合研究大学院大学先端学術院教授。1971年、岐阜県生まれ。東京大学文学部国語学専攻卒。同大学院人文社会系研究科修士・博士課程の後、奈良先端科学技術大学院大学博士課程修了。国立国語研究所研究員などを経て2017年より現職。共著に『コーパスによる日本語史研究 近代編』などがある。専門はコーパス日本語学、日本語史、自然言語処理。
好きな生き物はあざらし。好きな言葉は「人間万事塞翁が馬」。

カバーデザイン	村口敬太（Linon）
カバーイラスト	ヒロノクルミ
本文デザイン	中村理恵
DTP	Project KK
執筆協力	Project KK、LeftLily、nishi、FMY、TAIHARU、永井ミカ（メディアクルー）、中谷 晃
編集協力	Project KK、篠原明子、高島直子、三浦真紀

この本のご利用にあたって
この本は、Minecraft（マインクラフト）公式製品ではありません。この本の内容は編集部が独自に調べたものでMojangとは関係ありません。お問い合わせなどをなさらないようにお願いします。

本書の執筆バージョンについて
情報は統合版1.20を基本としており、各種データや挙動はアップデートにより変更となる可能性があることをご了承ください。

商標
Minecraftは、Mojang Synergies ABの商標または登録商標です。

マインクラフトでおぼえる
ちょっとむずかしい言葉(ことば)1205

監修者	小木曽智信
発行者	若松和紀
発行所	株式会社 西東社 〒113-0034　東京都文京区湯島2-3-13 https://www.seitosha.co.jp/ 電話　03-5800-3120（代）

※本書に記載のない内容のご質問や著者等の連絡先につきましては、お答えできかねます。

ISBN 978-4-7916-3329-6